아프리카 답사기

아프리카 답사기

초판 1쇄 인쇄일 2019년 9월 2일
초판 1쇄 발행일 2019년 9월 6일

지은이 박용길
펴낸이 양옥매
디자인 임홍순
교 정 조준경

펴낸곳 도서출판 책과나무
출판등록 제2012-000376
주소 서울특별시 마포구 방울내로 79 이노빌딩 302호
대표전화 02.372.1537 **팩스** 02.372.1538
이메일 booknamu2007@naver.com
홈페이지 www.booknamu.com
ISBN 979-11-5776-768-7(03930)

이 도서의 국립중앙도서관 출판시도서목록(CIP)은
서지정보유통지원 시스템 홈페이지(http://seoji.nl.go.kr)와
국가자료공동목록시스템(http://www.nl.go.kr/kolisnet)에서
이용하실 수 있습니다. (CIP제어번호 : CIP2019033421)

아프리카
답 사 기

글 · 사진
박용길

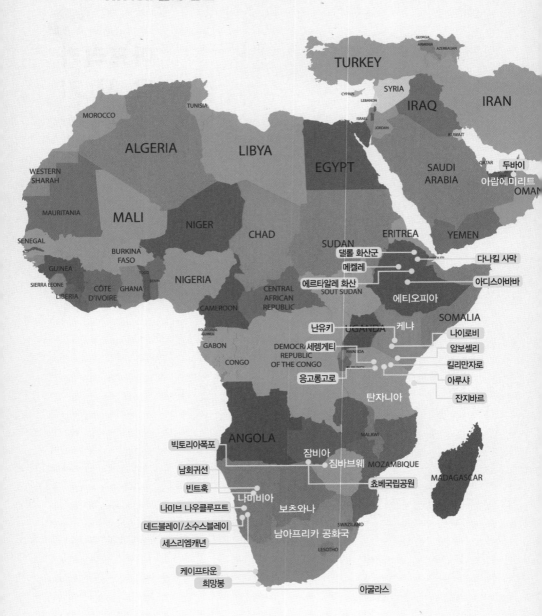

아프리카는 면적이 약 3천만 ㎢로 지구 전체 육지 면적의 5분의 1로 아시아에 이어 두 번째로 큰 대륙이며, 전 세계 인구 76억 명(2017년 12월 말 통계) 중 12억 명이 살고 있고 53개의 국가로 구성되어 있다. 지금까지 발견된 수많은 인류의 화석들 중 상당수가 아프리카에서 발견되었으며 많은 학자들은 인류의 조상이 아프리카에서 기원했을 것으로 보고 있다. 역설적이게도 인류가 태동한 곳이 문명이 가장 뒤떨어지고 가난과 질병, 내란에 시달리며 사람이 살기에 너무 힘든 암흑의 대륙으로 변한 것은 과연 무엇 때문인가?

인간의 문명은 오랜 세월 구성원들만의 전통과 문화가 배어 있어 그 나름대로 독특함이 있게 마련이다. 그리스, 로마, 아라비아는 앞선 기술 문명과 막강한 군사력을 이용해 기원전부터 아프리카를 침략하여 많은 자원을 약탈하고 원주민들을 노예로 삼는 등 일찍부터 아프리카에 큰 상처를 남겼다. 르네상스 이후 근대화에 성공한 유럽은 15세기 말부터 시작된 대항해 시대를 기점으로 신세계 탐험이라는 미명하에 자신들의 야욕을 채우는 것에 총력을 기울였다.

많은 백인들은 아프리카 흑인 노예무역을 합리화하기 위해 흑인을 비롯한 유색인종을 인간과 침팬지의 중간에 해당하는 별도의 종으로 규정하고 자기들의 욕구를 충족시키기 위해 수백 년간 양심의 가책 없이 갖은 착취와 만행을 일삼으며 노예사냥을 자행했다. 이러한 과정에서 아프리카의 왕이나 부족들은 자신들의 권력과 경제적 이익을 위해 평소 자신들과 적대관계에 있던 부족들을 잡아서 백인 노예상에 넘겼다. 따라서 노예문제에 있어서 아프리카인들은 일방적으로 서양이나 아랍에 원죄를 물을 수만은 없는 그야말로 복잡하게 얽힌 악의 먹이사슬이었던 것이다.

이러한 노예제도는 과거 같은 국가 내에서 신분의 차이에 의해 규정되었던 것과 어떻게 차별화할 것인가? 인간의 본성과 제도의 문제를 다시 생각해 볼 필요가 있다.

우리는 거대한 대륙 아프리카를 묶어서 하나의 통일된 개념으로 받아들이는 경향이 있는데, 고대 아프리카는 지중해에 면한 북아프리카 지역을 지칭하였으며 사하라 사막이 아프리카의 끝이라고 생각하였다. 15세기 이후 항해술이 발달하면서 유럽인들은 사하라 사막 이남의 아프리카 지역에 대해서 알게 되었으며 오늘날에는 거대한 대륙 전체를 '아프리카'라고 부르고 있다. 아프리카 대부분은 과거부터 부족에 의한 공동체 생활이 중심이 되었으며 이러한 경향은 국가가 형성된 현대에도 탯줄처럼 끈끈한 삶의 중요한 통로가 되고 있다.

오늘날 아프리카에서 빈번하게 발생하고 있는 내란도 결국은 부족 간의 뿌리 깊은 갈등과 증오, 자기 부족의 이익을 극대화하기 위한 권력 다툼에서 비롯되고 있다. 우리가 아프리카를 이해하기 위해서는 대륙 전체로 보지 말고 지역별 또는 국가별, 더 나아가 부족의 특성 등에 중점을 두고 이해하는 것이 바람직할 것이다. 사실 지중해에 면한 북부아프리카와 사하라 사막의 이남에 위치한 남아프리카는 종교나 인종 등 여러 면에서 큰 차이가 있어서 아프리카를 하나로 묶어 설명하기란 쉽지 않다.

1980년에 제작된 영화 〈부시맨(The Gods must be crazy)〉이 세상에 나왔을 때 많은 사람들은 아직도 그러한 부족이 살고 있다는 것에 대하여 무척 흥미롭게 여겼다. 가장 자연 친화적이던 San족은 자신들에게 불화(不和)를 일으키는 콜라병을 내려 준 신을 원망하고 다시 돌아올 수 없는 먼 곳으로 던져 버림으로써 무의식적으로 세계화를 외면하지만 거스를 수 없는 세계화의 물결이 아프리카를 휩쓸고 지나가면서 과거와 또 다른 어려움에 직면하게 되었다('부시맨'은 San족을 비하하기 위해 보어인들이 처음으로 사용한 용어임).

아프리카의 흑인들은 외부세계와 접촉하지 않고 수만 년 이상 대부분 부족 단위로 자신들만의 문명을 창조하여 전통을 고수하며 생활해 왔다. 유럽인과 아랍인들이 침략하기 전까지 아프리카의 사회는 노자(老子)가 이상 사회로 꿈꾸었던 '소국과민(小國寡民, 작은 나라에 적은 국민)'이었다. 그러나 인류의 역사는 어느 한 부족이나 국가에 그다지 우호적이지 않을 때가 많으며 대처하기 힘들 정도로 거세고 빠른 변화의 물결이 예고 없이 들이닥치는 경우가 많았다. 유럽인들이 보기에 변변한 문명이나 문자도 갖추기 못한 인류의 초기 문명 수준에서 벗어나지 못한 아프리카는 그들에게 더없이 좋은 먹잇감에 불과했던 것이다.

수백 년간 지속된 악의 고리를 끊기는 쉽지 않았으며 지금도 그 아픈 상처가 제대로 아물지 않은 상태로 보이지 않는 곳에서 새로운 시련이 잉태되고 있을지도 모른다.

　인류 문명의 발달에 비례하지 않는 정체된 사고에 갇혀 있던 아프리카는 근대화된 산업국가와의 경쟁력 부재, 변변한 기업조차 없어 값싼 원자재를 수출하고 비싼 완제품을 수입해야 하는 열악한 산업구조, 낮은 기술력, 교육받은 인재의 부족, 넘치는 실업자, 급증하는 인구, 생명을 위협할 정도의 비참한 환경에서 살아가는 수많은 도시 빈민, 말라리아, AIDS, 가뭄과 기아, 내전, 독재와 부정부패 등으로 희망의 탈출구를 찾지 못하고 평생 동안 굴러 내리는 바위를 산꼭대기로 밀어 올리는 '시시포스'처럼 어둠의 늪에서 허우적거리고 있다.

　오늘날 많은 나라에서 정부와 민간 차원에서 아프리카에 대한 원조를 늘리고 있으며 이러한 원조를 바탕으로 생활수준이나 의식이 많이 개선되고 있지만 원조에 대한 무한한 기대와 근로의욕의 부족, 공무원들의 부정부패와 정치적 불안, 부족 중심의 사고(思考) 등 발전을 저해하는 요인들을 제거하고 새로운 길로 나가고자 하는 의지를 보여야 고통과 절망의 대륙이라는 오명에서 벗어날 수 있을 것이다. 이제 세계는 먹이그물처럼 서로 복잡하게 얽혀 있어서 아프리카의 문제를 오로지 그들만의 문제로 남겨 둘 수 없는 상황이 되었다.

　오늘날 아프리카가 안고 있는 문제에 대해 전 세계가 관심을 갖고 해결하기 위해 서로 협조하며, 약탈 없는 상호 호혜적 관계를 수립하여 꿈을 심어 주고 발전할 수 있도록 힘써야 할 것이다.

답사를 기획해 주신 지오트립 남호석 사장님과 친절하게 인솔해 주신 남호근 과장님, 박영일 팀장님, 고락을 함께했던 일행 여러분들께 진심으로 감사드립니다. 아프리카에 관심이 있는 분들과 아프리카 여행을 꿈꾸는 분들에게 좋은 길잡이가 되기를 바랍니다.

2019년 9월
박용길

CONTENTS

Part 2

탄 자 니 아

Part 3

케　　냐

우리나라와 삶의 방식과 환경이 다른 아프리카를 답사하기 위해서는 사전 준비를 철저히 해야 한다. 우선 모기를 예방하기 위해 모기 퇴치 제를 준비하고, 황열에 대비하기 위해 사전에 황열 예방접종을 받아야 한다.

2017년 예방접종을 권고하는 나라는 총 42개국이며 일부 국가에서 는 비자발급 시 예방접종 증명서를 요구하기 때문에 아프리카를 방문 하려면 황열 예방접종이 필수적이다. 황열 예방접종은 국립검역소를 비롯하여 국제공인 예방접종 지정기관이면 어디든지 가능하며, 예방 접종 후에는 10년 동안 유효한 노란색의 증명서를 발급해 준다. 위생 이 나빠서 콜레라도 자주 발생하기 때문에 황열과 함께 예방주사를 맞 는 것이 좋다.

또한 모기에 물렸을 경우를 대비하여 말라리아 약을 처방받아 출발 전에 미리 복용해야 한다. 황열 예방주사를 맞을 때 함께 처방받으면 좋다. 또한 현지에서 의약품을 구입할 경우 의사 처방전을 요구하는 경 우가 많기 때문에 소화제, 지사제, 모기약, 비염 방지약, 벌레 물린 데 바르는 약을 비롯한 비상약품을 국내에서 미리 준비하는 것이 좋다.

그리고 입국 시 시간을 절약하고 만약의 경우를 대비하기 위해 사전에 일부 국가의 비자를 받아 두는 것이 좋다. 우리는 에티오피아와 나미비아의 비자를 미리 받아 두었다.

아프리카는 대부분 열대지방이지만 고지대는 지역에 따라 춥기 때문에 겨울옷도 준비해야 하고, 도시에서 떨어진 로지(Lodge)에서 지낼 경우를 대비하여 손전등은 필수다. 더불어 뜨거운 햇살을 피할 수 있도록 선크림, 모자, 황사방지마스크 등을 준비해야 한다. 또한 흙먼지길이나 사막, 폭포 등을 대비하여 카메라 보호용 비닐주머니를 꼭 준비한다. 다른 지역을 여행할 때와 마찬가지로 기본적인 필수품은 꼭 챙겨야 어려움 없이 여행을 즐길 수 있다.

현지 여행 시 국경지역은 가급적 여행을 자제하고 대부분의 국가에서 여행객을 상대로 소매치기, 날치기, 강도, 납치 등 강력 사건이 빈번하게 발생하기 때문에 현지 안내자와 동행해야 하며 밤에는 돌아다니지 않도록 한다. 또한 친절하게 다가와 길 안내를 해 주거나 동정심을 유발하면서 수면제를 탄 음료를 건네는 등 범죄의 표적으로 삼을 수 있기 때문에 늘 경계해야 한다.

Part

01

에티오피아

○ 첫째 날 | 1월 6일

드디어 먼 대륙 아프리카 답사를 위해 출발하는 날이다. 아프리카는 어떤 곳일까? 설레는 마음과 궁금증을 안고서 e-Bus를 타고 인천공항으로 향했다. 7시 30분, 인천공항에서 일행들을 만나 안내 사항을 듣고 출발 수속을 밟았다.

○ 둘째 날 | 1월 7일

○ 두바이 공항

우리는 0시가 넘어서 Emirates 항공 에어버스 A380-800을 타고 출발하였다. 이 비행기는 2층으로 무척 크고 의자 사이의 간격도 넓어서 특히 장거리 여행 시 피로를 줄일 수 있다. 두바이(Dubai)까지는 6,756km로 비행시간은 9시간 50분 정도라고 한다. 탑승 후 얼마 지나지 않아 기내식이 나왔으며 승무원들의 서비스도 무척 좋았다. 붉은색 둥근 모자 양쪽으로 흰색 천을 길게 늘어뜨린 스튜어디스의 복장이 무척 인상적이었다. 도착하기 바로 직전에 두 번째 기내식이 나왔다.

두바이 현지 시각으로 4시 35분에 두바이 공항에 도착하였다. 두바이는 우리나라에 비해 5시간 늦다. 현지 온도는 18℃로 서늘하고 쾌적한 편이었다. 에티오피아의 아디스아바바행 비행기로 갈아타기 위해서 잠시 두바이 공항에 머물렀다. 넘쳐나는 오일 달러로 사막에 세계에서 가장 높은 '부르즈 칼리파(Bruj Khalifa)'빌딩을 비롯하여 국제공항 등 사회 기반시설을 잘 갖추어 놓았다. 넓고 깨끗한 공간에 자리 잡은 면세점에는 세련되고 특색 있는 제품들이 손님들을 기다리고 있었다. 방처럼 넓은 엘리베이터에서 경제적 여유가 느껴진다. 경건한 마음으로 기도하는 무슬림의 청아한 목소리가 정적을 깨고 넓은 공간으로 퍼져 나간다.

4시간 이상을 기다린 끝에 9시 25분 아디스아바바행 비행기를 타기위해 9시 전에 게이트를 통과하여 버스를 타고 20여 분을 달려 탑승장에 도착하였다. 탑승장이 먼 경우에는 정해진 시간이 지나면 게이트를 닫기 때문에 시간에 늦지 않도록 미리 게이트에서 기다려야 한다.

예정보다 1시간 늦게 출발한 Emirates 항공은 1,567마일을 비행하여 오후 1시 35분에 아디스아바바 공항에 도착하였다. 드디어 아프리카에 첫발을 딛게 되었다는 생각에 무척 설레면서도 한편으로는 막연한 두려움이 슬그머니 몰려든다. 몇 시간 비행 거리인데 두바이 공항과 비교가 안 될 정도로 큰 차이가 느껴졌다. 얹힌 수화물이 힘에 겨운지 낡은 컨베이어벨트가 돌아가면서 내는 날카로운 마찰음이 청각을 조금씩 무디게 하고 낡음에 길들이면서 2시간 이상이나 우리를 힘들게 하였다. 시간이 지체되었다는 불쾌감보다 짐을 찾은 것이 차라리 감사할 따름이라는 생각이 들었다.

불편함과 시간이 맴돌이하여 만든 마모된 것 같은 도시의 모습을 보면서 드디어 아프리카에 왔음을 실감하였다. 이제 이곳에서는 내가 지

ㅇ 아디스아바바 공항

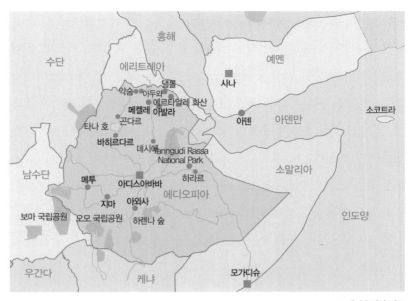

○ 에티오피아 지도

금까지 보고 경험했던 다른 곳의 시설이나 서비스를 비교하지 않기로
했다. 흔히 말하는 '여기는 아프리카'니까. 어렵게 짐을 찾아 공항을
나오니 강렬한 햇빛이 나를 맞는다. 안내자를 만나서 버스를 타고 에
티오피아의 첫 답사 장소인 트리니티 성당으로 향하였다.

에티오피아(Ethiopia)

아프리카의 북동부에 위치해 있으며 면적은 약 110만 ㎢로 프랑
스와 스페인을 합한 크기이며 인구는 약 1억 1천만 명(2018년 기준)이다.
12개의 행정구역으로 나뉘며 11개의 주가 있고 수도는 아디스아바바
(Adis Ababa)이다. 화산 지형인 거칠고 황량한 '아비시니아고원(Abyssinian
Plateau, 에티오피아고원)'이 북부에서 중앙으로 이어지며 최고봉인 해발

4,543m의 라스다센(Ras Dashen)산이 웅장하게 자리 잡고 있다.

아프리카에서 유일하게 식민 지배를 받지 않은 나라로, 독립을 위해 이탈리아와 투쟁한 역사에 대한 자부심이 매우 강하다. 대부분 이슬람으로 개종한 북부아프리카의 국가와 달리 '에티오피아 정교회'를 믿으며 이와 관련된 전통과 유적이 많이 남아 있다. 에티오피아는 예수 탄생을 기원전(B.C.) 7년으로 보고 1년을 13월(12월까지 매월 30일, 마지막 13월은 5일, 남는 시간은 4년마다 1일을 더하여 윤년을 둠)로 나눈 율리우스력을 사용하고 있어서 혼동하지 않도록 유의해야 한다.

에리트레아와 인접한 북동부 지역은 해수면보다 낮으며 지구에서 가

○ 아디스아바바 거리

장 뜨거운 다나킬 사막이 있다. 동남부는 오가덴 사막이 소말리아로 이어져 있고, 수도 아디스아바바는 국토의 중앙 해발 2,355m에 위치하고 있으며 타나 호수에서 청나일강이 발원한다.

국토의 25%는 해발 2,000m가 넘는 고원이며 일부 지역은 사람의 접근을 거부하는 험준한 산악지방이나, 남쪽으로 갈수록 비옥한 농토가 펼쳐져 있다. 농경이 가능한 지역은 국토의 10%에 불과하며 1975년 공산정권이 들어선 이후 세계에서 가장 가난한 나라라는 오명을 안기도 하였다. 아디스아바바의 북쪽 지역에 '곤다르 왕국'(17~19세기)과 '악숨 왕국'의 유적이 남아 있으며, 동부 지역에는 이슬람 사원이 많이 남아 있는 '하라르(Harar)'가 있다.

아디스아바바(Adis Ababa)

아디스아바바(Adis Ababa)는 '새로운 꽃'이라는 뜻으로, 북위 9° 해발 고도 2,355m의 아비시니아고원에 위치한 세계에서 세 번째로 높은 수도이다. 적도에 가까운 편이지만 지대가 높아서 봄·가을 날씨와 같은 상춘(常春) 기온을 나타내며 세계에서 가장 기후가 좋은 곳으로 알려져 있다. 1887년 메넬리크 2세 때 국토의 중앙에 해당하는 아디스아바바를 수도로 개발했으며, 인구는 약 4백만 명에 이른다(2018년 통계). 에티오피아의 정치·행정·경제의 중심도시이며 시내 북쪽에는 각국 대사관을 비롯하여 아프리카연합(AU, African Union), UN 아프리카경제위원회(ECA, Economic Commission for Africa) 본부가 있다.

고원지대에 위치하여 세계에서 가장 살기 좋은 기후를 갖춘 도시답게 초가을의 선선하고 상쾌한 바람이 잠시 불편했던 마음을 달래 주었다. 도시 곳곳에는 한창 고층 건물들이 들어서고 있고 중국 건설사의 광고가 자주 눈에 띈다. 미국을 비롯한 서방 국가들의 견제 속에 중국은 이미 오래전부터 아프리카에 눈독을 들이고 국가적 차원에서 과감한 투자를 하고 있으며 아프리카의 여러 나라와 경제적 지원을 바탕으로 탄탄한 외교 관계를 수립한 상태이다.

○ 트리니티 성당

트리니티 성당(Holy Trinity Orthodox Cathedral)

　　트리니티 성당은 이탈리아의 침공을 물리친 용사들을 기념하기 위해 1931년부터 공사를 시작하여 이탈리아의 침공으로 잠시 중단되었다가 1935년 공사를 재개하였으며, 에티오피아 정교회의 총본산으로 에티오피아 정교회 교황이 직접 미사를 하는 곳이다. 성당 지하에는 1950년 한국전쟁에 참전했던 에티오피아군 전사자 121명의 유해가 안치되어 있어 우리나라와 인연이 무척 깊은 곳이다.

　　유럽의 식민 통치를 받지 않았다는 자부심이 배어 있는 기념비적인 건축물인 트리니티 성당의 난간에는 천사와 성인들의 조각상이 있고 지붕에도 십자가를 비롯한 많은 조형물들이 빼곡하게 들어차 있다. 성당 내부의 앞쪽 스테인드글라스에는 삼위일체 성화와 아담과 이브를 비롯한 성서의 내용이 화려하게 표현되어 있다. 그 한쪽으로 셀라시에 황제와 부인의 석관이 나란히 놓여 있으며 천장에는 천국과 지옥의 그림이 있다.

○ 셀라시에 황제와 부인의 무덤

모자를 쓰고 흰색 수염이 난 나이 지긋한 사제가 친절하게 우리를 맞는다. 신심(信心)이 가득하고 삶의 진지함과 평온함이 묻어나는 태도를 보이며 스스럼없이 사진 촬영에 응해 준다. 수만 리 낯선 땅에서 대한민국을 지키기 위해 목숨을 바친 그분들께 경건한 마음으로 경의를 표했다. 성당을 둘러본 후 버스를 타고 성당과 가까운 거리에 있는 한국전 참전용사 기념탑으로 향했다.

한국전 참전용사기념공원

한글과 태극기가 그려져 있는 입구의 아치형 문을 지나 안으로 들어가니 유칼립투스 나무를 비롯한 큰 나무들이 숲을 이루고 그 아래에는 꽃들로 소박하게 장식되어 있다. 입구에서 약 3백여 m 정도 이동하면 뾰족한 하얀 기념탑이 하늘을 향해 우뚝 솟아 있다. 춘천에 있는 에티오피아 한국전 참전 기념탑과 닮은 기념탑을 2006년 이곳 아디스아바바의 코리아 빌리지에 세웠다. 탑의 앞쪽에는 한국전쟁에서 전사한 121명의 용사들의 이름이 새겨진 사각형의 돌이 좌우에 배치되어 있고 뒤에는 한글과 영어, 에티오피아 문자로 한국전 참전에 대한 전투 상황을 기록해 놓았다.

이 지역은 한국전에 참전했던 용사들이 많이 모여 살던 지역이었으며 그들은 1974년 하일레 셀라시에 황제(Haile Selassie, 1892~1975)가 쿠데타로 실각하기 전까지 한국전 참전을 긍지로 여기며 살았다. 셀라시에는 1930년 쿠데타로 집권하여 40여 년간 에티오피아를 이끌었으며 아프리카연합(AU)을 설립하고 에티오피아를 국제연맹 및 국제연합(UN)에 가입시켜 국제적 위상을 높이고 노예제를 폐지하는 등 근대화를 이

○ 한국전 참전용사기념공원 입구

○ 한국전 참전 기념탑

룬 인물이다. 그러나 셀라시에 황제가 멩기스투가 이끄는 쿠데타 세력에 의해 권좌에서 물러나 1975년 사망하자, 이후 들어선 공산정권은 북한군과 싸웠던 참전용사들의 재산을 빼앗는 등 갖은 핍박을 가했고 참전용사 대부분이 빈민층으로 전락하여 고통 속에서 비참하게 지내야 했다. 1991년 남북한 UN 동시가입과 소련이 붕괴됨에 따라 다시 우리나라와 긴밀한 외교 관계를 회복하게 되었다.

한국전에 참전했던 에티오피아 강뉴(Kagnew) 부대는 셀라시에 황제의 황실근위대로서 죽음을 두려워하지 않는 정예부대였다. 4개 대대 6,037명의 강뉴 부대는 1951년 5월 1일부터 전쟁이 멈춘 1965년 3월 1일까지 우리 땅에서 민주주의를 수호하기 위해 목숨을 걸고 용감하게 싸

○ 한국전에 참전했던 강뉴 부대 용사들

○ 춘천시 공지천 주변의 참전 기념탑과 기념관, 카페 이티오피아

기념식에 참석한 하일레 셀라시에 황제(1968, 춘천)

○ 기념식에 참석한 셀라시에 황제

윘으며, 휴전 후에는 전쟁고아들의 재활을 위해 많은 힘을 쏟았다. 그들은 춘천, 화천, 양구, 철원, 가평 지구에서 벌어진 총 253회의 전투에서 모두 승리할 정도로 혁혁한 공을 세웠다. 치열한 전투를 치르는 동안 121명이 전사하고 536명이 부상을 당했다.

에티오피아의 한국전 참전을 기념하기 위해 1968년 5월 춘천시 공지천(孔之川) 언덕 위에 참전 기념탑을 세웠으며, 이때 에티오피아의 셀라시에 황제가 직접 참석하였다. 지금도 기념탑 앞에 기념식수로 심은 향나무가 잘 자라고 있다.

　2004년 춘천시와 아디스아바바 간에 자매결연을 체결하였으며 2007년 3월 참전기념탑 도로 맞은편에 에티오피아 참전기념관을 건립하여 에티오피아 강뉴 부대의 전투 상황과 에티오피아의 문화를 이해하는 데 많은 기여를 하고 있다. 기념관 바로 앞쪽 강변에는 1968년 셀라시에 황제가 방문했을 당시 에티오피아를 기념할 만한 집이 있었으면 하는 바람에서 카페 이티오피아가 세워져 한국 원두커피의 원조가 되었으며 50년의 시간이 흐르는 동안 춘천의 명소가 되었다. 내부의 고풍스런 장식과 창밖의 공지천을 바라보며 이국의 정취를 느끼며 마시는 한 잔의 커피가 여행객의 마음을 빼앗는다. 2010년에는 한국전 참전 용사들이 방문하여 카페 이티오피아의 명성을 더욱 높여 주었다.

　수만 리 떨어진 이름도 모르는 낯선 이국땅에서 평생 겪어 보지도 못했던 추위와 순간순간 몰려드는 죽음의 공포를 느끼면서 대한민국의 평화를 지켜 주기 위해 목숨을 바쳤던 그들의 숭고한 희생에 절로 고개가 숙여진다. 전쟁의 폐허 속에서 눈부신 경제성장과 민주화를 이루며 우뚝 선 우리나라는 자신들을 희생하며 한국에 큰 은혜를 베푼 이들에게 보답할 때가 되었다. 경제적 원조를 비롯하여 교육 사업이나 양국 간 활발한 문화 교류, 민간 분야 지원 등을 통하여 에티오피아의 발전에 기여해야 한다.

○ 한국전 참전 기념탑

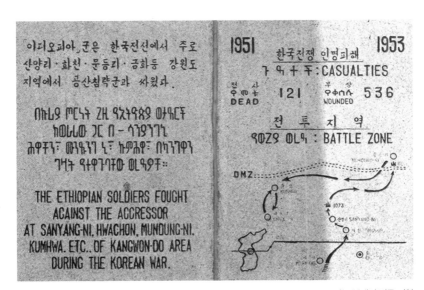

○ 강뉴 부대의 전투 지역

    ㅇ 에티오피아 기념관   ㅇ 한국을 방문한 참전 용사들

ㅇ 에티오피아 기념관

ㅇ 카페 이디오피아

전쟁의 폐허 속에서 세계에서 주목받는 나라로 성장한 대한민국을 보면서 그들은 많은 자부심과 긍지를 느끼고 있다고 한다.

2018년 4월 한국의 웨딩 관련 사회적 기업에서 후원하여 그동안 경제적으로 어려워 결혼식을 못 올린 한국전 참전용사의 후손들 13쌍이 아디스아바바 한국전 참전 기념탑에서 합동결혼식을 올려 참전 용사들의 높은 뜻을 기리는 데 조금이나마 보답한 것 같아 훈훈한 마음이 들었다. 그들의 희생정신에 경의를 표하며 버스에 올라 국립박물관으로 향했다.

국립박물관

국립박물관이라고 부르기에는 너무나 단출하고 소박하다. 박물관 정원에는 메넬리크 2세(Menelik Ⅱ, 1844~1913)가 1896년 북부 악숨 근처인 티그라이(Tigray)주 아두와(Adwa) 전투에서 이탈리아 군대와 싸울 때 사용했다는 대포가 전시되어 있다. 그는 에티오피아인들이 가장 존

○ 아디스아바바 국립박물관

경하는 인물로, 부족 간의 대립으로 분열된 에티오피아를 통합하여 에티오피아의 근대화에 기초를 닦았으며 1887년에 수도를 엔토토에서 아디스아바바로 천도하였다.

건물의 외벽은 회색의 시멘트로 되어 있으며 아담하고 오래된 미술관 같은 느낌이 든다. 박물관의 지하 1층에는 '루시'를 비롯한 다른 인류의 화석과 선사시대의 유물이, 1층에는 고대유물이, 2층에는 회화가, 3층에는 전통민속품이 전시되어 있다. 2차 세계 대전 중에 이탈리아로 반출되었다가 1972년 에티오피아로 반환된 메넬리크 2세의 딸인 제우디투(Zewditu) 여왕이 사용하던 의자도 있다.

특히 여기에 전시되어 있는 오스트랄로피테쿠스 아파렌시스(*Australopithecus afarensis*, 일명 '루시')는 인류 진화에서 아주 중요한 증거가 되는 귀중한 인류의 화석이다. 지금도 세계 각지에서 루시를 보기 위해 인류학자를 비롯한 많은 사람들이 국립박물관을 찾고 있다. 잠깐 루시를 중심으로 인류의 화석과 인류의 진화에 대하여 살펴보기로 한다.

오스트랄로피테쿠스 아파렌시스(*Australopithecus afarensis*)

1974년 시카고 대학 대학원생이었던 도날드 조핸슨(Donald Johanson)이 동료들과 함께 에티오피아의 아파르(Apar) 삼각주의 하다르(Hadar)에 있는 390만 년~300만 년 전의 지층에서 발견하였다. 330만 년 전에 살았던 종으로 뇌의 용량은 380~430㎤ 정도로 유인원과 비슷하고 이빨 이외의 뇌의 용량은 침팬지와 비슷하다. 20세 전후의 여성으로 키는 1m 정도이고 송곳니와 어금니는 작은 편이나 현생인류보다는 크다. 인류의 화석 발견을 축하하기 위해서 비틀즈(Beatles)의 〈Lucy in the Sky with Diamond〉라는 노래를 들으면서 맥주를 마시고 즐긴 데서 'Lucy'라는 별명이 붙었다고 한다.

도날드 조핸슨은 루시를 미국 클리블랜드에 있는 자신의 사무실에서 5년간 보관했다가 나중에 고향인 에티오피아로 돌려보내 현재 국립박물관에 소장되어 있다. 이빨의 배열은 유인원의 U자형과 현생인류의 포물선형의 중간 형태이다. 현대 인류의 성인들은 넙다리뼈의 상부와 넙다리뼈의 몸통이 구부러져 있는데 이 각을 '넙다리뼈의 기울임각'이라고 한다. 보통 성인에서는 125° 정도로 양쪽의 넙다리뼈가 안쪽으로 기울어져 있으며 무릎관절, 발목, 발이 모두 넙다리뼈의 기울임각에 맞추어 연결되어 있어 직립보행이 가능하다.

루시의 대퇴골(넙다리뼈)의 형태로 보아 두 발로 직립보행 했을 것으로 보이며 인류의 진화 과정에서 그동안 알고 있던 뇌의 용량이 커진 후 직립보행을 했을 것이라는 기존의 학설을 뒤집는 아주 귀중한 인류

 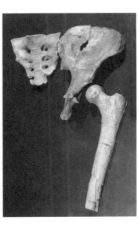 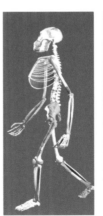 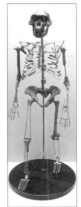

○ 루시의 전체 골격   ○ 엉치뼈와 엉덩뼈, 넙다리뼈   ○ 옆모습(모형)   ○ 앞모습(모형)

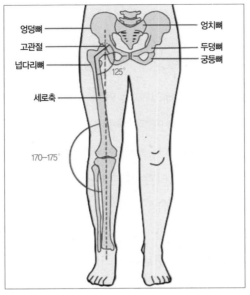

엉덩뼈
고관절
넙다리뼈
세로축

엉치뼈
두덩뼈
궁둥뼈

125°

170~175°

○ 넙다리뼈의 기울임각

화석이다. 오스트랄로피테쿠스 아나멘시스(*Australopithecus anamensis*)로부터 진화한 것으로 추정된다.

현생인류의 다양성

15세기 이후 유럽인들은 아프리카와 아메리카 대륙을 침략하여 그곳에 살고 있는 원주민들을 발견하고 이들을 백인과 유인원의 중간에 속하는 단계의 동물로 규정하기도 하였다. 이러한 자신들의 편견을 바탕으로 수백 년 동안 두 대륙의 원주민들을 사냥하여 노예로 삼고 노동력을 착취하고 가혹하게 다루는 등 인간으로서는 차마 할 수 없는 큰 죄악을 서슴없이 저질렀다. 심지어 이들은 자신들이 신봉하는 성서까지 왜곡하면서 흑인들은 인간이 아니라고 주장하며 신에 의한 창조를 부정하였다.

성서에 따르면 노아가 술에 취해 벌거벗은 채 잠들었을 때 아들 함이 노아의 하체를 보고 형제들에게 이를 비웃었으며, 이것을 안 노아가 화가 나서 함을 저주하여 함의 자손인 가나안 사람들이 대대손손 노예가 되도록 하였다. 그 후 랍비(Rabbi, 유대교의 사제)들이 한술 더 떠서 함은 성욕이 강해 저주를 받아 피부가 검게 변했으며 함의 자손들은 흑인이 되어 아프리카로 건너가서 노예로 살 운명이라고 기록하였다.

현재 우리가 피부색을 기준으로 인종을 분류하는 것은 단지 살고 있는 지역의 자외선의 양에 따라 피부의 멜라닌 세포에 들어 있는 멜라닌 색소의 양에 따른 진화의 결과일 뿐이다. 이는 인간을 나누는 기준이 결코 될 수 없음에도 불구하고, 아직도 백인 우월주의에 빠져 인종에 대한 그릇된 편견을 갖고 있다.

현재까지 밝혀진 바로는 유럽인들과 같은 흰색 피부는 약 5천 년 전에 나타났다고 한다. 약 200만 년 전 아프리카를 떠난 인류는 유럽과 같은 중위도 지역에서는 자외선을 많이 흡수하기 위해 흰색 피부를 가져야 생존에 유리했을 것이다. 그렇다면 오늘날과 같은 다양한 인종은 어떻게 출현하였는가? 이에 대하여 학계에서 주장하는 두 가지 학설을 간략하게 소개해 본다.

첫째로, 15만 년 전에 아프리카에서 발달한 현생인류의 조상이 전 세계로 퍼져 나가 각각 진화하여 오늘날의 인류가 되었다고 보는 아프리카 기원론(완전대체론, 단일지역 기원론)을 들 수 있다. 이 이론에 따르면 아프리카 이외의 지역에서 발견된 15만 년 전 이전의 인류의 화석은 인간의 조상이 아니라 인간과 친척뻘 되는 것이다. 아프리카, 유럽, 아시아인의 비번역 DNA(단백질 합성 정보가 아닌 DNA 부분)를 분석한 결과 아프리카 사람들의 다양성이 높았는데 이는 다른 지역보다 아프리카에서 인류가 더 오래 살았다(더 오래되었다)는 것을 암시하며, 이러한 연구 결과를 근거로 아프리카 기원론을 주장했던 것이다. 그러나 2000년대 이후 비번역(noncoding) DNA의 돌연변이도 생물의 삶에 영향을 끼친다는 연구 결과가 나오면서 중립이론(비번역 DNA의 돌연변이가 생물의 생존에 큰 영향을 미치지 않는다고 주장함)이 크게 흔들리고 있으며 이에 따라 아프리카 기원론에 회의를 품는 인류학자들이 많아졌다.

두 번째 학설로 지금까지 발견된 인류의 화석을 근거로 약 2백만 년 전 호모 에렉투스가 아프리카에서 전 세계로 퍼져 나가 여러 지역에서 발견되는 인류의 조상으로 발전하였으며 이들은 점차 서로 다른 지역의 인류와 교류를 통하여 동시다발적으로 진화했다고 보는 '다지역 연계론(다지역 진화론)'을 들 수 있다. 간헐적으로 발견되는 인류의 화석과 다양한 현생인류를 감안할 때 인류의 진화를 간단하게 설명하는 것은 결코 쉽지 않은 인류 최대의 연구 과제라고 생각한다.

바쁘게 아디스아바바의 일정을 마치고 버스에 올라 숙소로 향했다. 잿빛 구름 사이로 저녁 햇살이 아디스아바바의 고요에 균열을 일으키며 대기 속으로 빠르게 배어든다. 건물 사이사이로 멀리 산의 능선도 잠깐잠깐 눈에 스친다. 도시의 이곳저곳에 고층빌딩을 짓기 위해 대형 크레인들이 촘촘히 스카이라인을 형성한다. 도로 옆에 반원형의 광장이 있고 그 앞으로 경기장의 관중석처럼 시멘트 의자가 길게 늘어선 곳이 보였다. 소련의 지원을 받던 공산당 집권 시절 군중대회를 열던 곳이라고 한다. 잠시 과일 가게에 들렀다.

○ 식료품 가게

    아기를 업은 젊은 아낙이 낯선 우리에게 동정을 요구한다. 아프리카에서 섣불리 동정하지 말라는 안내자의 말에 단돈 1달러도 건네지 못하고 발길을 돌렸다. 바나나, 파인애플, 망고, 토마토, 양파 등 낯익은 과일과 채소뿐만 아니라 다른 식품 등을 파는 작은 가게이다. 망고, 자두, 수박 등을 사서 들고 차에 올랐다. 숙소로 들어가는 길에도 도시의 재탄생을 약속하는 미완성의 건물들이 낯익은 풍경처럼 즐비하다.

    좁은 골목에 위치한 Mosaic 호텔에 짐을 풀었다. 호텔 로비에 들어서자 바닥에는 띠처럼 생긴 볏과 식물을 뿌려 놓고 향을 피운 듯 연기가 후각을 자극한다. 카운터 옆에는 흰색의 전통복장으로 곱게 차려입은 여인이 우리를 기다리고 있었다. 방을 배정받아 짐을 정리한 후 닭고기, 채소 수프, 전병, 빵, 파스타, 고기볶음 등으로 허기를 채우고 로비로 나왔다.

커피의식(부나 마플라트)

에티오피아는 아라비카(Arabica) 커피의 원산지이며 카리오몬 (Kariomon)이라는 엄숙한 커피의식을 행한 후 손님들에게 커피를 제공 한다. '커피의 고향'이라는 별칭에 걸맞게 이들은 커피를 무척 신성시 하며 이에 대한 자부심이 매우 강하여 이러한 의식이 일상화되었다고 한다. 이러한 커피의식은 에티오피아와 인접국인 에리트레아의 전통 문화인데 에티오피아어(암하라어)로 '부나 마플라트'라고 한다.

먼저 향로에 송진을 올려놓아 흰 연기를 피워 향내를 풍기고 커피의 식의 시작을 알리며 주변의 냄새를 없애 커피향이 더 진하게 풍기게 한 다. 이어서 생두를 볶아서 찧은 후 토기로 만든 주전자인 저버나(Jebena) 에 넣고 끓여서 '시니(Seni)'라는 작은 잔에 검은색의 따끈한 커피를 손 님에게 대접한다. 설탕을 많이 넣어 비교적 단 편이고 다른 간식과 함

○ 부나 마플라트

께 마시며 한 번의 의식에 석 잔 마시는데, 첫째는 우정, 둘째는 평화, 셋째는 축복을 기원한다고 한다.

정성과 신성함이 가득 담긴 검은색의 따끈한 커피가 낯선 여행객의 마음을 편하게 달래 준다. 가을밤처럼 서늘한 아프리카의 첫 밤이 무척 상쾌하다.

○ 셋째 날(1월 8일)

오늘은 메켈레(Mekelle)행 비행기를 타기 위해 새벽 4시에 일어나서 오늘 일정을 준비하였다. 오늘부터 이틀간은 야외에서 잠을 자야 하기 때문에 침낭을 비롯하여 물, 갈아입을 옷, 카메라 배터리 등 만반의 준비를 한다. 이번 답사에서 가장 힘들고 고단한 일정이 될 것이라고 하여 다소 긴장된다. 아침 도시락을 받아들고 버스에 올라 공항으로 향했다.

여명이 아디스아바바의 고요를 깨우는 동안 공항에 도착했다. 입구에 들어가기 전에 여권 검사를 하고 다시 짐을 챙겨 공항으로 향했다. 국내 공항은 단일 활주로여서 이착륙하는 비행기가 교대로 이용한다. 한참을 기다린 후에 드디어 이륙하였다.

아침 햇살을 받은 그리 높지 않은 건물들 주변을 둘러싸고 있는 아담한 집들이 정감 있게 다가온다. 아디스아바바를 지나자 에티오피아의 황량한 고원이 이어진다. 사하라 사막 지역의 국가들과 마찬가지로 에티오피아는 대부분 고원지대와 사막 지역이 매우 넓게 차지하고 있다.

갈색의 산과 계곡이 끝없이 이어지고 조금 넓은 평지에는 마을이 형성되어 있고 작은 밭들이 부드러운 곡선으로 경계를 이루며 예술작품을 만들어 내고 있다. 이러한 척박하고 높은 지대에서도 역경을 이겨 내고 살아가는 사람들이 무척 대단하다는 생각이 든다.

아디스아바바에서 메켈레까지는 781km로 약 1시간 20분 비행 끝에 드디어 메켈레 공항에 도착하였다. 메켈레(Mekelle)는 에티오피아의 북부에 위치한 도시로 과거 엔데르타 아우라자(Enderta Awraja)의 수도였고, 현재는 티그레 주의 주도이며 다나킬 저지대로 가는 관문도시이자 소금 교역의 중심도시이다. 인구는 약 50만 명 정도(2018년 통계)이다. 해발 2,254m이며 북부 에티오피아의 경제·문화·정치의 중심지이다.

다나킬 사막(Danakil Desert)

다나킬 사막은 에티오피아의 대표적인 사막이다. 해수면보다 120m 낮은 저지대로 지구상에서 가장 낮은 내륙지방 중 하나이며, 에르타알레(Erta Ale)산을 비롯하여 에일 바구산, 알루산 등 화산 분출로 만들어진 산들의 용암이 분출하여 굳어져 만들어진 것이다. 다나킬 사막과 가까운 곳에 아프레라호(Afrera Lake)가 있고 홍해와도 매우 가까우며 다나킬 사막의 주요 산업은 소금 채굴이다. 또한 이곳은 아프리카 당나귀 등의 야생동물 서식지이기도 하다. 여름철에는 최고 60℃까지 올라가 '지구의 용광로'라 불리며 지구상에서 가장 뜨거운 지역에 속한다. 남한 면적과 비슷한 10만㎢로 이곳에 에르타알레 화산, 댈롤 화산지대, 소금 사막 등이 함께 포함되어 있으며 동아프리카지구대의 위쪽 부분에 속한다.

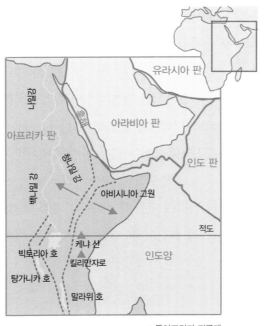

○ 동아프리카 지구대

맨틀이 대류를 일으킬 때 지각이 수평방향으로 힘을 받으면서 지면
의 일부가 솟아오르거나 가라앉으면서 형성된 것을 '지구대(地溝帶)'라
하는데, 동아프리카지구대는 에티오피아의 아파르 삼각주에서 모잠비
크 동부에 걸쳐 아프리카 대륙의 동쪽을 따라 발달한 폭 35~60㎞, 길
이 4,000㎞에 이르는 대지구대이다. 이곳에는 다나킬 사막, 에르타알
레 화산과 세렝게티, 킬리만자로산, 케냐산, 메루산, 빅토리아호, 탕
가니카호, 말라위호 등이 발달하였다. 오늘날 이 지역에서 오스트랄
로피테쿠스를 비롯한 많은 인류 화석이 발견되었는데, 이는 수백만 년
전 인류의 조상들이 동아프리카 지구대에서 기원하였으며 이 지구대를
따라 이동하였음을 말해 준다. 지각 운동에 의한 균열이 계속되고 있

어 천만 년 후에는 아프리카의 뿔이라 불리는 에티오피아와 소말리아 등 아프리카 북동부 국가들이 아프리카 대륙에서 떨어져 섬이 될 것이라고 예측된다.

다나킬 사막을 답사하기 위해서 메켈레까지 비행기를 많이 이용하고 메켈레에서는 거친 도로에서 기동성이 뛰어난 사륜구동 지프나 SUV차를 많이 이용한다. 공항을 나오니 넓은 평원이 펼쳐졌다. 이곳에 오는 여행객들은 대부분 원시 지구의 모습과 시원(始原)의 아련함을 느껴보기 위해 에르타알레 화산을 들른다. 오늘이 마침 휴일이라서 먼 곳까지 가서 물을 사 오느라 시간이 좀 걸렸다. 차가 올 때까지 기다리는

○ 라스 아룰라(Ras Alula) 장군의 동상

동안 주변을 둘러보았다. 도로 맞은편에 이탈리아군과 싸웠던 독립전쟁 영웅인 라스 아룰라(Ras Alula, 1825~1897) 장군의 동상이 보인다.

요하네스 황제의 오른팔이었던 그는 1876년 외세의 침략이 잦았던 마라브-멜라쉬(Marab-Mellash) 지역의 총독으로 임명된 후, 이탈리아를 견제하려는 프랑스의 원조를 받아 1896년 메켈레(Mekelle)와 아두와(Adwa) 전투에서 이탈리아 군대를 물리침으로써 아프리카에서 유일하게 식민지를 겪지 않게 하였다. 이 지역 공항의 이름이 'Mekelle Alula Abanega 국제공항'인데 'Alula'는 그의 이름이며 'Abanega'는 그가 타고 다니던 말의 이름이라고 한다.

에르타알레(Erta Ale) 화산을 향해

우리 일행은 5대의 지프에 나눠 타고 드디어 에티오피아의 북동부에 위치한 다나킬 사막의 답사에 올랐다. 나는 1호차에 배정되었으며 차를 운전하는 아브라(Abhra)가 현지 안내자 겸 총괄 책임자였다. 공항에 내릴 때부터 날씨가 흐리고 가늘게 빗방울이 떨어지더니 하늘은 회색빛이고 주변의 산들에 안개가 끼어 있었다. 푸른 하늘을 기대했었는데 실망이 컸다.

생각했던 것과는 달리 말끔하게 포장된 2차선 도로가 주변의 황량한 모습과 좋은 대비가 되었다. 가난한 나라들의 공통적인 특징은 공항, 항만, 도로와 같은 사회 기반시설이 미비하다는 것인데 다나킬 사막으로 가는 길은 선진국의 어떤 길 못지않게 잘 닦여져 있어서 달리는 내내 기분이 산뜻하였다. 우리는 메켈레에서 남동쪽에 있는 아발라(Abala)를 거쳐 다시 북동 방향으로 달려 에르타알레 화산에 갈 예정이다. 길

○ 아발라 가기 전 언덕에서

옆으로 보이는 산들은 척박하고 작은 나무들과 풀들이 듬성듬성 자라고 있어서 산의 속살이 그대로 드러나 보인다.

우리는 아발라(Abala)로 가는 도중 작은 도시가 보이는 언덕에서 잠시 차를 세우고 아래를 내려다보았다. 차별침식에서 살아남은 산 아래 넓은 계곡에 시멘트 벽돌로 지은 작은 집들이 빼곡하게 들어차 있다. 주변의 산에는 알로에와 같은 다육식물을 비롯하여 가시가 많이 달린 작은 관목들이 비탈진 산자락에 자라고 있다. 높은 고개에는 안개가 짙게 끼었고 간간이 빗줄기도 굵어졌다 잦아들기를 반복하는데, 1호차의 윈도우 브러시는 움직이지 않는다.

유리창에 물방울이 모였다가 한줄기 선이 되어 흘러내려도 기사는 꿈쩍도 하지 않는다. 한참 동안 궁금하면서도 순간순간 두려움이 몰려들었다. 이곳의 운전기사들은 이렇게 운전하는 것에 익숙해서인지 창밖으로 고개를 내밀고 전방을 주시하면서 그런대로 안개 속을 헤치고

○ 아발라(Abala)의 거리

○ 양고기를 말리는 모습

무리 없이 잘 달린다. 이런 상태로 달리는 것이 겁도 나면서 무척 궁금했는데, 알고 보니 고장 난 윈도우브러시를 고치지 않은 채 운전하는 것이었다. 여기가 아무리 아프리카라고 해도 좀 심하다는 생각이 들었다. 앞자리에 앉아서 두려움을 떨쳐 버리기는 쉽지 않았다.

산길을 몇 번 오르내리기를 반복하여 높은 산 아래 분지에 자리 잡은 아발라에 도착했다. 에티오피아 대부분의 도시들처럼 정돈되지 않고 어수선한 느낌이 들었다. 다나킬 사막 답사를 하는 여행객들이 자주 이용하는 Hiyab Restaurant에 잠시 들렀다. 커피와 음료, 식사를 제공하는 작은 규모의 휴게소이다. 이곳에서도 역시 바닥에 풀을 깔고 정식으로 커피의식을 행한 후 우리에게 따끈하고 진한 커피 한 잔을 선사한다.

잠깐 시간을 내어 집 안으로 들어가 주방과 내부를 둘러보았다. 카메라를 들이대자 주방에서 식사를 준비하던 여자들이 무척 쑥스러워한다. 우리 수준에서 볼 때 위생 상태가 썩 좋은 편은 아닌 것 같았다. 문 앞에는 양고기를 말려서 저장하기 위해 가늘게 썰어서 줄에 매달아 놓았다.

여행할 때 제일 힘든 것 중의 하나는 생리적인 현상을 해결하는 문제이다. 급하면 아쉬운 대로 적응하게 마련이지만 외국 여행을 할 때에는 불편할 경우가 많다. 화장실에 칸막이는 있지만 함께 다녀온 사람들이 최악이라고 할 정도로 열악하였다. 오가는 사람들은 우리가 무척 신기한 듯이 바라보고 아이들이 우리들 주변으로 모여들어 우리 일행을 요모조모 살펴본다. 길 가는 사람들을 사진에 담으려 해도 아프리카 사람들은 사진 찍히는 것을 무척 싫어하기 때문에 사진 찍는 데 여

간 신경이 쓰이지 않는다. 몰래 찍는 것도 마음에 내키지 않는다. 아프리카뿐만 아니라 여행의 어려움 중 하나가 원하는 인물 사진을 마음대로 찍기가 쉽지 않다는 것이다.

11시가 넘어 다시 차에 올라 길을 나섰다. 아발라를 둘러싸고 있는 산의 중턱까지 구름이 짙게 걸쳐 있다. 고개를 넘으니 작은 산 아래 마을이 보였다. 집들은 대부분 나무로 벽을 두르고 지붕은 비닐이나 나무로 덮고 그 위에 비닐을 씌우거나 흙이나 모래로 덮은 움막과 같은 형태로 되어 있다. 아마 오래전 문명의 여명기인 석기시대에도 이런 모습과 별반 다르지 않았을 것이라는 생각이 들었다. 산에 나무가 적어서 비가 조금만 내려도 계곡으로 물이 세차게 지나가며 만든 흔적이 바닥에 깊은 골이 되어 남아 있었다.

마을을 지나 한참을 달리니 넓은 평지에 둥그렇고 작은 관목들이 사막을 덮고 있는 넓은 평지가 나타났다. 아마 이곳은 지대가 낮아서 비가 올 때 물이 많이 고이는 곳으로 생각된다. 오늘은 아침부터 날씨가

○ 용암대지

흐리더니 정오가 지났는데도 갤 기미가 보이지 않아 높은 고개를 넘을 때마다 짙은 안개와 비를 맞으며 달려야 했다. 앞 유리창이 뿌연데도 기사는 약간 고개를 기울여 가며 제대로 길을 따라 운전을 잘한다. 안개 속에 서 있는 산기슭의 키 작은 야자나무가 여행객에게 운치를 더해 준다.

산을 내려오자 드디어 다나킬 사막의 검은 용암대지가 눈앞에 펼쳐 졌다. 안개가 걷히면서 주변이 뜨겁게 달아오르기 시작한다. 겨울인데도 이런 열기를 느끼는데 여름철에는 극복하기 힘든 무시무시할 정도의 열기가 공포로 다가올 것 같았다. 이런 척박한 땅에도 극한의 자연에 적응하며 식물들이 끈질긴 생명을 이어 가고 있었다. 낙타 한 마리가 검은 화산암 틈 사이로 고개를 내민 풀을 뜯고 있다. 잠시 차에서 내려 검은 바다와 같은 용암대지를 바라보며 원시의 지표면을 바라 보았다. 사방을 둘러보아도 풀 한 포기 나무 한 그루 보이지 않는 검고 갈색을 띠는 산 아래로 수줍은 듯이 계곡이 뻗어 내리고 생명의 숨결조차 닿지 않은 태초의 모습 그대로 적막하고 황량한 모습이다.

아스팔트 포장이 끝나고 드디어 비포장도로에 접어들었다. 중국 건설사가 새로 길을 내고 도로 포장을 하고 있다. 건설자재와 돌을 실은 트럭들이 자주 옆으로 지나가면서 흙먼지를 일으킨다. 최근 들어 중국 기업의 아프리카 진출이 눈에 띄게 많아졌는데, 이곳 오지의 건설 현장에도 어김없이 중국의 바람이 거세게 불고 있다. 이곳 사람들은 우리를 보면 '치노(Chino, 중국 사람들)'냐고 묻는데, 그만큼 아프리카에 중국인들이 많기 때문이다. 중국 회사들은 발주한 사업을 마무리하기 위해 중국에서 근로자들을 데려와서 일을 시키고 사업이 종료되면 데려왔던 중국인들을 귀국시키지 않고 일하던 곳에서 그대로 눌러 살도록 권유한다고 한다. 아프리카에 남은 많은 중국인들이 현지인들과 자주 마찰을 일으키기 때문에 중국인들을 경계하는 원주민들이 늘어나고, 중국인에 대한 인식도 점점 나빠지고 있다고 한다.

길옆에는 도로를 만들기 위해 치워 놓은 콜타르를 칠한 것 같은 검은색 화산암들이 산더미처럼 쌓여 있다. 조금 더 달리니 용암대지가 오랜 풍화작용으로 만들어 놓은 모래와 흙이 많은 사막지대가 나타났다. 사막에는 작은 풀들과 나무들이 군데군데 서 있고 드문드문 보이는 집 주변의 밭에는 수수와 다른 작물들이 자라고 있었다. 지평선이 가물거릴 정도로 광활한 모래사막이 끝 간 데 없이 길게 펼쳐져 있다. 이곳에서는 길이 따로 없고 운전기사가 가는 길이 바로 도로가 된다. 무법자처럼 뿌연 먼지바람으로 다른 차들과 서로 평행선을 그으며 모래사막을 질주한다. 멀리 눈앞에 호수의 물과 산이 신기루가 되어 나타났다.

○ 모래와 흙으로 된 평원

○ 멀리 신기루가 보이고

2시 20분이 넘어서 점심 식사를 하기 위해 작은 마을 쿠스라와드 (Kusrawad)에 도착했다. 이곳은 국제기구에서 엘니뇨(El Nino)에 의한 가 뭄 피해를 줄이기 위해 선정될 정도로 물 문제가 심각한 지역이다. 주변을 둘러보아도 넓은 사막에 물줄기는 보이지 않고 동산에 작은 나무들이 겨우 자라고 있을 뿐이었다. 잠시 마을이 보이는 작은 언덕에 올라갔다.

언덕에서 바라보니 나무, 함석, 두꺼운 검은 비닐로 벽을 두르고 함석이나 검은 비닐로 지붕을 덮은 집들이 서로 빽빽하게 이어져 한 몸의 군체(群體)가 되어 있었다. 바닥에는 손에 잡히지도 않을 정도의 바람같이 가볍고 고운 흙가루가 쌓여 있어서 걸을 때마다 연기처럼 피어오른다. 뜨거워진 다나킬 사막의 열기가 온몸으로 파고들어 집 안으로 들어가도 땀이 줄줄 흐른다. 이곳은 에르타알레 화산을 보러 가는 대부분의 사람들이 들러서 식사를 하고 가는 휴게소 역할을 하는 곳이다.

우리 일행이 도착하자 귀한 손님들을 환영하려는 듯 어린이들을 비롯하여 청년, 노인 등 마을 사람들 거의 대부분이 나온 것 같았다. 이들은 우리들 주변을 둘러싸고 신기한 듯 쳐다보며 우리들이 움직이는 대로 따라다닌다. 나무로 벽을 두른 허름한 집 안에서 땀을 흘리면서 점심 식사를 하였다. 점심 식사를 하는 동안 어린 꼬마들이 나무 벽에 올라 우리들을 흘끗흘끗 바라보며 멋쩍게 미소를 보낸다. 인솔자가 이곳 마을과 사람들의 사진을 찍지 못하도록 당부하자, 갑자기 경계심과 함께 불안한 마음이 들었다.

점심 식사 후 출발하려는데 마을 청년들이 우리 차 기사를 다른 집으로 데려간다. 대부분 투어에서 그렇듯이 1호차 기사가 현지에서 총책임자 역할을 하는데, 끌려갔던 기사가 차로 와서 서랍에서 돈을 꺼내들고 보이지 않는 곳에서 다시 청년들과 힘겨운 협상을 벌였다. 총을 거꾸로 멘 마을 지도자가 협상을 중재하려고 바쁘게 움직이면서 힘쓰

는 것 같았다. 이곳에 사는 사람들에게는 일상적인 일이지만 낯선 아프리카 땅에서 이런 긴장된 순간을 접하니 약간 겁도 나고 당황스러웠다. 거의 1시간 가까이 실랑이를 벌이다가 몇 차례 돈을 더 주고 마을의 소년 3명과 중간에 내릴 군인 한 명을 우리 일행의 차에 태워 주는 것을 조건으로 협상이 마무리되었다.

반기지 않는 손님이라는 것을 알고 있는지 소년 한 명이 멋쩍은 웃음을 띤 채 창문을 열고 들어와 앞자리 중앙에 앉았다. 오늘 일찍 베이스캠프에 도착해야 화산을 볼 수 있을 텐데…. 힘든 분위기에서 벗어난 것을 그나마 다행으로 여기면서 베이스캠프를 향해 출발했다. 가는 길에도 오던 때와 마찬가지로 멀리 용암대지가 펼쳐져 있고 군데군데 모래사막과 초원이 있어서 낙타와 소, 염소와 같은 가축들을 방목하는 모습을 볼 수 있었다.

○ 쿠스라와드 주변 식생

○ 이방인에게 관심을 보이는 아이들

○ 울퉁불퉁한 길을 따라

드디어 용암대지에 난 길로 접어들었다. 수백 번도 더 다녔을 텐데, 차는 그런 익숙함에 길들여지지 않은 듯 울퉁불퉁한 바윗길을 넘어질 듯 뒤뚱거리며 지나간다. 심한 요동에 몸이 견디기가 쉽지 않다. 드디어 말로만 듣던 아프리카 마사지가 본격적으로 시작되었다. 가끔씩 집들이 나타나고 꼬마들이 우리들이 지나가는 것을 보고 달려 나와 반갑게 손을 흔든다. 특별한 놀이가 없는 이 광활하고 삭막한 사막에서 관광객이 오가는 것을 보고 손을 흔드는 것도 이제 이 아이들의 정해진 일과이자 일상적인 놀이가 된 것 같았다. 평지인데도 차가 다니기에는 길이 무척 험하다. 큰 불이 휩쓸고 간 것처럼 검게 그을린 드넓은 용암대지는 악마의 거친 숨결이 느껴질 정도로 공포가 느껴진다.

오후 5시가 다 돼서 드디어 에르타알레(Erta Ale) 화산 답사를 위한 도뎀(Dodem) 베이스캠프에 도착했다. 이곳은 관광객들의 안전과 에르타알레 화산을 지키기 위해 만들어진 곳으로, 막사는 나무로 벽을 둘러

○ 도뎀(Dodem) 베이스캠프

○ 멀리 에르타알레 화산이 보이고

만들었고 오면서 보았던 집들과 비슷한 구조로 되어 있으며 어림잡아 수십 명의 군인들이 근무하고 있었다. 우리나라 군인들처럼 얼룩무늬 군복을 입고 총을 멘 군인들이 우리들 주변을 오가면서 안내자와 무슨 얘기를 주고받는다. 한쪽에서는 군인들이 원을 그리며 춤을 추고 노래를 부르며 의식을 행하고 있었다. 우리나라 군대와는 여러 면에서 다르다는 것이 한눈에 느껴진다.

우리는 잠시 짐을 정리하고 필요한 물을 배급받고 화산을 향해 5시가 넘어서 우리를 지켜 줄 군인 1명과 마을의 소년 3명과 함께 베이스캠프를 출발했다. 하루 동안 자란 기다란 햇살이 지친 우리들의 그림자를 검은 용암대지에 길게 드리운다. 베이스캠프를 벗어나자 검고 고운 모래에 누렇게 시든 풀들이 군데군데 자라고 있고 거친 사막에서도 수십 년을 견뎌 온 나무들이 갈증을 견디고 꿋꿋하게 서 있다. 허연 연

○ 에르타알레 화산을 향해

기를 뿜는 에르타알레 화산의 모습이 저녁 햇살에 희미하게 보인다. 지금부터 열심히 몇 시간을 걸어서 저곳까지 가야 하는 것이다.

이제 날은 저물어 석양이 서쪽 하늘을 붉게 물들인다. 지친 몸으로 걷기도 힘든데 내일 아침까지 먹을 물과 옷, 기타 야영을 위한 준비물 때문에 피로가 빠르게 몰려온다. 마을에서 온 소년들은 우리들이 메고 가는 짐에 관심을 보인다. 나중에 알았지만 이들은 우리가 개인적으로 임시 고용하여 팁을 주는 것이라고 한다. 일행 중 짐이 부담되는 사람들은 소년들에게 짐을 들게 하여 눈치 보던 소년들의 체면을 세워 주었다. 날이 어두워지고 길은 멀고 몸은 피로가 쌓이면서 점점 발걸음이 무거워졌다.

해가 지면서 더위도 가시고 이제 서늘한 바람이 불어 산을 오르기에는 더없이 좋았다. 하늘에 총총하게 박혀 있는 별들을 보며 랜턴으로

○ 용암이 식어서 된 화산암

길을 밝히며 앞사람을 따라 무작정 걷는다. 일행 중 힘에 부치는 사람들도 있어서 적당히 속도를 조절해 가면서 가다 쉬다를 반복하면서 길을 재촉한다. 멀리 산 위에서 병사가 불빛으로 신호를 한다. 오늘 우리가 묵을 산 위의 군부대 숙소에서 병사들이 보내는 신호이다. 우리 일행 외에도 많은 사람들이 함께 산을 오른다. 랜턴의 불빛이 군데군데 불무더기를 만들면서 산등성이를 밝게 수놓고 있다.

산 정상에 가까이 다가서자 유황 냄새가 콧속을 심하게 자극한다. 산을 오르느라 숨쉬기도 힘든데 유황 냄새가 머리를 어지럽힌다. 숨을 몰아쉬면서 경사가 심한 길을 올라 드디어 군인들의 막사에 도착했다. 산 정상에 오르니 유황 냄새가 더욱 심해져 기침이 나오고 숨쉬기가 무척 불편했다.

뿌옇게 덮인 유황연기와 어둠 속에서 붉은색의 용암호수가 어렴풋이

○ 에르타알레(ERta Ale) 화산(Wikipedia 인용)

보였다. 짐을 풀고 카메라를 들고 드디어 에르타알레 용암호수로 향했다. 한 사람이 겨우 다닐 수 있을 정도의 좁은 낭떠러지 길을 조심스럽게 내려가 어둠을 헤치며 화산암이 깔린 길을 따라 걸었다.

어둠 속에서 발을 내딛을 때마다 화산암(규산염화산암)이 작은 서릿발처럼 어둠 속의 적막을 깨며 부서진다. 어떤 곳에서는 속이 비었는지 발이 푹푹 빠지고 밑으로 꺼지기도 하였다. 어둠 속에서 발밑을 조심하면서 천천히 걸었다. 용암호수에 가까워졌는지 뜨거운 열기와 유황 냄새가 더욱 심해졌다. 조금 더 다가서자 파도가 밀려오듯이 쏴아 하는 소리와 쉬익 하며 무엇인가 힘차게 빨아들이는 것처럼 무시무시한 소리가 들렸다. 짙은 유황 냄새와 함께 분화구에서 터져 나오는 굶주린 악마의 울부짖음 같은 소리에 공포감이 전신을 엄습했다.

드디어 용암호수의 가장자리에 도달하자 시뻘건 쇳물이 녹은 커다란 용광로와 같은 용암호수가 태초의 비밀을 드러내며 눈앞에 펼쳐졌다. 조심스럽게 분화구 쪽으로 거의 몇 십 센티미터 앞까지 바짝 다가서서 고개를 쭉 빼고 발밑에서 펼쳐지는 말로 형언할 수 없는 거대한 자연의 향연을, 숨죽이고 긴장된 마음으로 바라보았다.

감당하기 힘든 열기와 위로 솟아오르는 연기, 용암이 용트림하면서 내는 괴기한 소리, 부글부글 끓어오르며 걷잡을 수 없는 에너지를 뿜어내는 무시무시한 광경에 숨이 턱 막히고 심장이 멎는 것 같았다. 위험을 감수하고 온몸으로 전해지는 전율을 느끼면서 자연의 원초적이고 황홀한 광경을 응시하는 모험의 짜릿함을 느껴 보았다. 실로 용암을 이렇게 가까운 곳에서 볼 수 있다니! 몇 시간을 어렵게 걸어서 올라왔던 조금 전의 고생을 보상하고도 남음이 있었다. 발아래 화산암(규산염

○ 에르타알레 화산 분화구 앞에서

○ 펄펄 끓어오르며 움직이는 용암

화산암, 크리스토발라이트)이 조금씩 부서질 때마다 발밑이 힘없이 꺼져서
용암이 끓어오르는 바닥으로 빠질 것 같은 두려움 때문에 한곳에 오래
머물 수가 없었다.

어둠 속에서 용암호수의 형태를 대강 짐작해 보면 항아리처럼 생겨서 우리가 서 있는 곳의 아래쪽은 비어 있어서 정말로 운이 나쁘면 아래로 푹 꺼질 수도 있겠다는 두려운 마음이 들었다. 많은 사람들이 찾는 유명한 관광지인데도 분화구 앞쪽으로 가까이 접근하지 못하도록 안전 난간대와 안전시설이 설치되어 있지 않아서 무척 위험한 상태이다. 덕분에 우리는 위험을 무릅쓰고 분화구 끝부분까지 가서 용암호수 바로 위에서 볼 수 있었지만. 요즘에도 상태가 좋지 않으면 아예 용암호수 접근 자체를 막는다고 한다.

용암은 쉬지 않고 끓어오르면서 표면의 상태가 수시로 변하고 붉은색 바탕에 노란색 선으로 다양한 형태의 무늬를 그렸다가 순간순간 그 모습을 바꾼다. 어떤 곳에서는 온도 차이 때문인지 노란색의 작은 관에서 열기가 뿜어져 나오는 것을 볼 수 있었다. 커다란 분화구에 갇힌 용암은 틈만 있으면 언제라도 뛰쳐나올 것 같은 기세로 포효하고 꿈틀거리며 주변의 모든 것을 집어삼킬 듯이 위세를 떨치고 있었다. 눈을 감고 들으면 무시무시하게 큰 전설 속의 이무기가 먹이를 잡아먹기 전에 내는 소리처럼 들리기도 하였다.

얼른 이 자리를 떠나고 싶었는데, 고맙게도 우리를 호위하던 군인과 인솔자가 자리를 옮길 것을 알려 왔다. 용암을 보는 동안 내 주위를 감싸고 있던 공포에서 벗어나고 싶었다. 하늘로 뿌옇게 솟아오르는 연기를 뒤로하고 발길을 재촉했다.

에르타알레(Erta Ale) 화산

다나킬 사막에 있는 주요 5개의 화산 중 하나로서 가장 대칭적이며 에르타알레(Erta Ale)는 이곳에 사는 아파르족의 언어로 '연기를 뿜는 산'이라는 뜻이라고 한다. 화산 정상은 양쪽 면이 가파르게 움푹 파여 있으며 0.7×1.7㎞ 크기의 타원형 분화구이다. 정상의 높이는 해발 613m이고 두 개의 분화구가 가까이 있으며 그중 하나가 용암호이다. 에르타알레는 화산암으로 이루어진 순상 화산이며 에티오피아에서 화산활동이 가장 활발하다. 세계에서 가장 오랫동안 활동하고 있는 활화산 중 하나이다.

안내자에 따르면, 2017년 12월 초 독일 국적 관광객 1명이 이곳 용암호수 근처에서 정체를 알 수 없는 무장괴한의 총격을 받고 사망했는데 함께 있던 현지 안내인 1명도 부상을 당했다고 한다. 에티오피아 경찰의 발표에 따르면 '이들은 함께 온 단체에서 떨어져 안내자와 함께 용암호수 주변에서 사진 촬영을 하다가 변을 당했다.'고 발표했다. 우리들에게도 대열에서 이탈하지 말고 함께 숙소로 이동하여 저녁에 절대로 밖으로 나오지 않도록 주의를 주었다. 많은 연구자들과 여행객들이 에르타알레 화산을 찾는데, 이곳은 에리트레아와 국경에서 멀지 않고 가끔씩 반군들이나 강도들이 나타나 해를 입힌다고 한다. 이곳에 주둔한 군부대와 군인이 우리를 호위한 것도 이러한 위험을 사전에 예방하기 위한 조치였다고 한다.

군부대로 돌아오니 매트리스와 저녁 식사를 싣고 온 낙타들이 어두운 바닥에 누워 휴식을 즐기고 있었다. 2015년 5월부터 2개월간 대한민국을 발칵 뒤집어 놓은 '중동호흡기 증후군(MERS)'의 주범인 코로나 바이러스(CoV)의 매개동물이 낙타로 알려졌는데, 바로 앞에서 낙타가 큰 소리를 내며 숨 쉬고 있는 모습에 다소 불안한 마음이 들었다. 이곳에 주둔하는 군인들의 막사도 산에 오르기 전에 들렀던 도뎀 베이스캠프와 거의 같은 모습이었다. 누가 보면 숙소라기보다 임시 피난처라고 하는 것이 어울릴 것 같은 움막과 같은 빈약한 시설이다.

숙소 배정이 끝나고 바닥에 매트리스를 깔고 오늘 잠자리를 준비했다. 시장했지만 유황 냄새와 낯선 주변 환경 때문인지 별로 식욕이 당기지 않았다. 내일을 위해 간단하게 준비한 스파게티로 요기를 하고 잠자리에 들었다. 우리들에게 숙소를 내준 군인들은 돌로 둥글게 쌓아 올린 곳에서 바닥에 매트리스를 깔고 지붕 없이 별을 보면서 잠을 잔다고 한다. 벽을 두른 나무 틈 사이로 희미한 불빛과 낙타의 거친 숨소리와 유황 냄새가 저격수의 살기 띤 눈빛처럼 무겁게 파고들었다.

아프리카의 답사가 힘들 것이라고 예상은 했지만 첫날부터 이렇게 고난이 될 거라고는 전혀 생각을 못했었다. 예상 못 한 고생에 우리 일

○ 에티오피아의 농촌 모습

행들 대부분이 힘들어하는 것 같았다. 그러나 용트림하며 끓어오르는 용암호수를 바로 눈앞에서 보기 위해서는 이 정도의 고생쯤이야 가볍게 극복할 수 있어야 된다고 생각하였다. '이런 환경을 숙명으로 받아들이고 일생을 살아가는 사람들도 있는데 하룻밤쯤이야' 하는 생각으로 잠시의 불편함을 달래면서 잠자리에 들었다. 언제 또 이런 경험을할 수 있으랴! 하늘에는 별이 쏟아질 듯 총총하게 박혀 밤하늘을 수놓고 있다. 별들의 축제와 장엄한 용암을 생각하며 하루를 정리했다.

○ 넷째 날(1월 9일)

댈롤(Dallol) 화산 지대를 향해

　나무 울타리로 새어드는 새벽바람이 제법 차갑다. 다나킬 사막의 신선한 공기와 잘 배합된 유황 냄새를 맡으면서 잊지 못할 밤의 꿈길을 헤매다 새벽 4시를 알리는 소리에 잠에서 깨었다. 짐을 정리하고 산꼭대기에서 금쪽같이 아까운 물로 세수를 하고 출발 준비를 하였다. 낙타들도 잠에서 깨어나 짐을 싣고 내려갈 준비를 마친 것 같았다. 아직 주변은 어둡고 막사의 희미한 불빛만이 적막감을 달래 주고 있었다.

　가방을 메고 어제 힘들게 올라왔던 길을 따라 몇 시간 걸어서 베이스캠프로 내려가서 아침 식사를 할 예정이다. 힘차게 약동하는 용암호수를 보고 기운을 얻었는지 일행 모두 발걸음이 가볍다. 어제 저녁에는 많지 않았는데 우리처럼 산에서 자고 내려오는 사람들이 꽤 많았다. 이곳은 많은 사람들에게 알려져 있어 화산애호가들이 한 번쯤 꼭 찾아

○ 짐을 싣고 하산

○ 도뎀 베이스캠프에서 아침 식사

보고 싶어 하는 명소라고 한다. 매트리스와 우리 일행의 짐을 진 낙타들이 우리와 함께 새벽길을 걷는다. 키가 크고 다리가 길어서 짐을 싣고도 전혀 힘들이지 않고 성큼성큼 잘도 걷는다.

한참을 걸어 내려오니 주변이 밝아지기 시작하며 어제 올라갈 때 어렴풋이 보았던 용암대지와 누렇게 마른 풀들과 나무들이 선명하게 보였다. 8시가 다 돼서 베이스캠프에 도착하여 아침 식사를 하였다. 수프와 밥과 빵, 과일, 전병 등 이곳에 전혀 어울리지 않을 정도로 푸짐하게 준비되어 있었다. 맛도 아주 좋아서 일행 모두 즐겁게 식사를 하였다.

빨리 출발해야 하는데 어제 점심때와 같은 상황이 또 벌어졌다. 무엇이 부족했는지 안내자를 붙잡고 자꾸 무엇인가를 요구하였다. 안내자는 현지인들이 만족할 때까지 여러 번에 걸쳐서 금고를 열어 조금씩 협상 대금을 지불하였다. 안내자는 이곳에 자주 들렀고 앞으로도 계속 들러야 하기 때문에 이들과 좋은 관계를 유지할 필요가 있을 것이다. 걱정이 겹쳐질 정도로 힘들게 타협을 하고 드디어 오늘 일정을 위해 출발했다. 매번 이런 일을 겪을 것을 생각하니 아프리카 여행이 쉽지 않다는 것을 절실하게 느꼈다.

어제 왔던 용암대지의 험한 길을 또 가야 한다. 어제 올 때는 힘들었는데 오늘은 왠지 그리 불편한 것 같지 않았다. 하루 사이에 이렇게 쉽게 마음이 변할 수도 있다는 것이 조금은 멋쩍게 느껴졌다.

소들이 검은 대지에 모자이크 무늬를 놓은 누렇게 시든 풀들을 뜯고 있다. 한참을 달리다 보니 앞에서 소년 두 명이 차를 세운다. 자세히 보니 어제 점심 먹었던 마을에서 우리 차를 타고 갔던 소년들이다. 너

무 시달려서 얄미운 생각이 들었던지 기사는 단호하게 거절하고 그대로 지나쳤다. 아마 다른 여행객의 차를 타고 왔다가 이곳에서 내려서 또 다른 차를 세워서 집으로 돌아가려는 속셈인 모양이다. 기사의 단호한 행동에 동의하며 우리도 별로 미안한 마음이 들지 않았다. 힘들게 용암대지를 벗어나 지평선이 아득하게 보이는 모래벌판으로 나왔다. 이제 속력을 높이면서 신나게 달렸다.

중간의 정류소 부근에 도착하니 차를 세우고 태워 줄 것을 부탁하는 사람들이 많았다. 교통수단이 마땅치 않은 나라를 여행하다 보면 오가는 차를 보고 손을 들어 세워서 타고 가는 '히치하이킹(Hitchhiking)'을 자주 목격하게 된다. 어제 올 때와 마찬가지로 아발라 가는 길에 비가 내리고 안개가 자욱하다. 하루가 지났는데도 윈도우브러시는 여전히 별로 나아지지 않고 고집스럽게 그대로 꿈적하지 않는다.

○ 에티오피아 왈리아(WALIA) 맥주

오후 1시 30분이 되어 아발라에 도착하였다. 어제 들렀던 그 휴게소에서 파스타와 시원한 음료수와 수박을 먹고 잠시 쉬었다가 길을 재촉하였다. 어제 들렀던 화장실을 다녀온 사람들이 하루 만에 꽤 괜찮은 편이라고 한다. 오늘은 다나킬 사막의 소금사막과 댈롤 화산지대를 답사하기 위한 전초 기지인 하메델라(Hamedela, 소금광부의 마을)까지 가야 한다. 가끔씩 길옆으로 소 떼들이 지나간다. 우기 때 물이 흐른 계곡에는 제법 키 큰 아카시아 나무가 띄엄띄엄 자라고 평지의 집들과 작은 나무 사이의 풀밭에서 소와 염소들이 풀을 뜯고 있었다.

가는 중간에 댈롤 화산지대와 소금호수를 가기 위한 중간 기착지인 베르할레(Berhale)에 잠시 차를 세웠다. 이곳에서 오늘 저녁과 내일 필요한 물품을 사고 우리들 식사를 책임질 요리사를 태웠다. 길옆으로 긴 소금사막에서 캐낸 소금을 싣고 가는 낙타들이 수십 마리씩 줄에 엮어 한 줄로 길게 늘어서 걸어가고 있었다. 진정으로 에티오피아 여행의 참맛을 느끼게 하는 모습이다.

한참을 달려서 오늘 하루 묵을 하메델라에 도착하였다. 주변을 둘러봐도 나무 한 그루 풀 한 포기 보기 어려운 그야말로 황량한 사막이 눈길 닿는 저 멀리까지 뻗어 있었다. 이런 사막의 한가운데 마을이 있다는 것이 신기할 따름이었다. 마을 입구에 흰색의 체육관 같은 큰 건물

○ 낙타 카라반

이 나타났다. 소금 사막의 소금을 이용하여 미네랄을 생산하는 공장이라고 한다. 이곳은 소금사막에서 소금을 채취하는 아파르족 광부들 50여 가족이 모여 사는 마을이다. 무척 힘겹게 살아가는 사람들이 사는 곳이라 움막처럼 생긴 집 외에는 화장실도 없는 그야말로 문명권에 익숙한 일반인들이 견디기 힘든 곳이다.

　우리는 숙소에 짐을 풀고 오늘 저녁 잠잘 곳을 선택하였다. 우리에게 선택지는 야외에 설치된 침대에서 자거나 나무로 엉성하게 엮어 만든 움막집 안에서 자는 것, 둘 중 하나였다. 대부분 밖에서 하늘을 지붕 삼아 자기로 하고 침대를 배정받았다. 침대는 나무로 된 기본 구조물에 굵은 밧줄을 엮고 그 위에 매트리스를 깔게 되어 있다. 오늘도 고난 극복을 각오해야 할 것 같았다. 일행들 대부분은 침대에서 잔다는 것만으로도 어제 저녁의 괴로움을 잊은 듯했다.

○ 하메델라(Hamedela)

○ 침대와 숙소

○ 소금을 싣고 가는 낙타들

침상을 배정받고 일몰을 보기 위해 소금 사막으로 차를 달렸다. 오늘은 하늘이 심술을 부렸는지 멋진 황혼을 보기는 어려울 것 같았다. 소금을 등에 실은 낙타 카라반이 줄을 지어 소금 사막을 걸어가고 있다. 차를 구입할 여력이 없어서 오래전부터 이어진 방식대로 낙타를 이용하여 소금광산에서 채취한 소금을 낙타 등에 싣고 운반하는 것이다. 낙타 한 마리의 가격은 1,200달러 정도이며 등에 싣는 짐은 약 50kg 정도라고 한다. 낙타 카라반 사이에 먹을 물과 다른 음식을 비롯한 생필품을 운반하는 당나귀들이 함께 길을 가고 있다.

호수에 발을 담그고 멋진 자세를 취하면서 사진도 찍어 보고 포도주를 마시고 흥겹게 이곳의 음악을 들으면서 안내자들과 함께 어울려 한바탕 춤을 추면서 소금사막의 황혼에 빠져들었다.

다나킬 소금사막

동아프리카지구대에 속한 다나킬 사막의 일부로서 해수면보다 낮은 곳에 위치해 있다. 지구상에서 가장 뜨거운 곳 중의 하나로, 단층선을 따라 홍해의 바닷물이 유입된 후 건조한 사막 기후로 인해 꾸준히 증발되어 소금사막이 형성되었으며 볼리비아의 우유니 소금사막과 생성 원인이 같다. 안내자의 설명에 따르면 이곳 소금은 특히 칼륨(K)의 함량이 높다고 한다. 규모는 우유니보다 훨씬 작지만 이 지역의 경제에 크게 기여하고 있다고 한다.

염소고기를 주 메뉴로 저녁 식사를 마치고 각자 배정된 침대에 누웠다. 서늘한 바람을 맞으면서 하늘을 보고 있노라니 수줍은 듯 돌 틈에 숨은 풀벌레가 다나킬의 음악을 들려준다. 서늘한 바람에 실려 온 별

○ 에티오피아 정교회 의식 마스칼(Maskal)

빛을 받으며 별들의 속삭임을 자장가 삼아 세상 시름 잊고 단잠에 빠져들었다.

○ 다섯째 날(1월 10일)

오늘은 다나킬 사막 일정을 모두 끝내고 메겔레에서 비행기를 타고 아디스아바바의 숙소까지 이동해야 한다. 여명이 서서히 꿈틀대는 5시에 일어나서 주변을 정리하고 요리사가 정성 들여 만든 수프와 밥, 과일 등으로 아침 식사를 하고 길을 나섰다. 오늘 일정은 소금호수와 소금호수에 있는 온천, 댈롤 화산 지대, 그리고 소금을 채취하는 소금광산 등을 답사할 예정이다. 아침 일찍 새벽바람을 가르며 우리를 지켜줄 군인과 함께 소금호수로 난 길을 따라 신나게 달린다. 멀리 소금광산으로 일하러 가는 광부들이 하루의 희망을 안고 커다란 트럭에 오르고 있다.

길옆의 소금밭에 낙타 한 마리가 죽은 채 누워 있었다. 아마 오랜 시간 동안 소금을 운반하다가 늙고 병들어서 죽었을 것이다. 살아서 소금만 나르느라 고생하고 죽어서 제대로 묻히지도 못한 채 길가에 버려진 모습을 보니 불쌍한 생각과 함께 비정한 인심에 대한 비애감이 들었다.

흙과 소금, 다른 광물질들이 섞여서 만들어진 다양한 형태의 도형들이 소금호수의 표면을 덮고 있었다. 우유니에서도 건기 때 소금 결정들이 주변과 경계를 만들어 이와 비슷한 형태의 수없이 많은 도형을 본 적이 있었다.

아셀레 호수(Lake Asele)의 소금 길로 한참을 달리니 소금사막의 바닥이 푹 꺼진 곳에 작은 웅덩이가 나타났다. 온천수가 솟는 곳으로 온도

◦ 소금 사막의 온천

는 약 20℃ 정도로 미지근한 편이다. 온천수 표면에 푸른 하늘의 흰 구름이 잠시 몸을 적셨다가 사라진다. 온천 바로 주변에 동물 모양의 작은 바위산이 소금호수 위로 솟아 있다. 높지 않지만 끝없는 소금사막의 평지에서 좋은 대조가 된다.

차에 올라 20분 정도 달려서 댈롤 화산의 입구에 있는 주차장에 도착하였다. 물을 준비하고 경사진 길을 오른다. 이곳은 소금과 흙을 반죽하여 특이한 쿠키를 만들었으며 자세히 보면 흙 속에 소금결정이 박혀 있었다. 위로 올라서자 흙과 소금으로 만들어진 다양한 조각품들이 우리를 맞는다. 올라올 때 약간의 유황 냄새를 맡았는데 위에 오르자 불쾌할 정도로 유황 냄새가 심하였다. 이곳은 규모는 작지만 지금도 유황을 비롯한 화산 성분을 분출하는 활화산 지역이다. 앞을 바라보니 진한 노란색 바탕에 여러 가지 색으로 화려하게 수를 놓은 화산지대가 나타났다.

○ 언덕길

○ 흙과 소금이 섞여서 만들어진 조형물

댈롤 화산

에티오피아의 다나킬 사막에 있는 거대한 화산 지대로, 바위에 황성분이 많이 포함되어 있어서 '에티오피아의 옐로스톤'이라고도 불린다. 폭발 화구로, 작은 유황 호수가 많으며 마지막 폭발은 1926년에 있었다고 한다. 화산 중에서 해발고도가 제일 낮으며 활화산이지만 분화 조짐은 보이지 않으나 작은 유황 호수에서는 아직도 유황이 뿜어져 나온다. 이곳의 바위는 유황과 여러 가지 물질들이 반응하여 다양한 색깔을 띤다. 이곳은 연평균 기온이 34℃, 최고 기온이 60℃ 이상으로 세계에서 가장 더운 화산지역이다. 이곳은 '지구상의 달'이라고 불릴 만큼 이색적인 모습을 보이는 곳으로 이곳을 걷다 보면 외계의 행성을 탐사하는 것과 같은 신비로운 느낌이 들고 다른 곳에서 보기 힘든 독특한 모습과 자연이 만든 경이로움을 느낄 수 있다.

앞으로 다가갈수록 황 냄새 때문에 숨쉬기가 곤란할 정도이다. 노란색, 갈색, 흰색 등의 물감을 서로 다른 비율로 위에서 쏟아부은 것처럼 제멋대로 단장한 분출물들이 장관을 이루고 있었다. 2018년 1월 현재 이곳은 아직 세계자연문화유산으로 지정되지 않았으며, 관광객들을 유치하기 위해서인지 사람들이 유황 온천 지대를 마음대로 밟고 드나들 수 있다. 아마 곧 자연문화유산으로 지정되면 지금처럼 자유롭게 화산지대를 걷기는 어려울 것 같다.

화산분출물이 쌓여 탑이나 작은 산맥, 그리고 해면동물(海綿動物), 서릿발 등 실로 다양한 형태의 자연조각품 전시장 같았다. 조금만 자리를 옮기면 전혀 다른 모습으로 금세 변신하는 요술쟁이처럼 변화무쌍한 모습을 연출한다. 화산분출물로 만들어진 대부분의 바위에는 유황가스가 새어나온 틈이 그대로 남아 있고 조금 큰 분출구에서는 지금도 유황과 온천수가 부글부글 끓어 올라오고 있다. 규모가 작아서 그렇지 실제로 유황이 뿜어져 나오는 활화산 위를 걷고 있는 것이다.

유황과 다른 물질들이 응결되어 만들어진 다양한 문양의 조각들을 비롯하여 황금 잔에 물을 담은 곳도 있고, 또 어떤 곳은 물 위에 노란 얼음조각이 떠 있기도 하고, 푹 꺼져 위험한 곳도 있었다. 눈앞에 펼쳐지는 모습마다 너무나 기묘하여 전혀 다른 세상에 온 것 같은 느낌이 들었다. 또 다른 유황화산 지대를 향해 발길을 옮기자, 솜씨 좋은 장인이 정교하게 공들여 만든 장신구가 테두리를 따라 띠를 두르고 바닥에는 소금결정이 작은 얼음결정처럼 바닥에 널려 있다. 멀리 바라보니 불에 탄 흔적처럼 바닥이 온통 검은색이고 한쪽에서는 흰 연기가 솟아올라 금방이라도 화산이 터질 것만 같은 불안감이 엄습해 왔다.

작은 언덕 위에 오르니 계란의 노른자를 풀어놓은 듯 바닥이 노란색

○ 댈롤 화산지대의 다양한 모습들

○ 유황가스의 분출

으로 빛나고 있었다. 발길을 다른 곳으로 옮기자 유황연기가 솟아오르고 주변의 바닥은 유황가스가 뿜어 나올 때 만들어진 구멍이 그대로 분출물에 흔적으로 남아 있었다. 바로 앞쪽에는 '유채밭'이라는 애칭을 가진 짙은 노란색의 작은 저수지가 내 눈길을 끈다. 아직 정오도 되지 않았는데 땅에서 올라오는 열기 때문에 얼굴에 굵은 땀방울이 맺힌다. 겨울철인데도 이렇게 더운데 아마 여름철에는 이곳을 답사할 때 마음의 준비를 단단히 해야 할 것 같다. 뜨거울 때에는 60℃까지 올라간다니 생각만 해도 아찔하다. 일정이 늦어진다고 군인 아저씨가 어깨 위에 총을 가로 메고 재촉을 한다.

차를 타고 지나면서 오른쪽 언덕을 바라보니, 댈롤 화산지대로 올 때 멀리서 집처럼 보이던 곳이 흙이 섞인 암염으로 만들어진 지형이었다. 차에 올라 5분 정도 달리니 암염으로 된 거대한 구조물이 나타났다. 소금과 흙을 반죽하여 만든 멋진 왕궁과 성벽 같은 건축물들이 오랜 세월이 흐르면서 허물어져 고성(古城) 같은 느낌이 들었다. 긴 시간

동안 자연이 만들었다가 허문 폐허가 주는 적막 속의 아름다움이라고
나 할까. 물기가 많은 바닥은 흙이 들러붙을 정도로 질퍽거렸다. 자세
히 보면 지형의 곳곳에 가로의 띠가 있어서 오랜 시간 퇴적되어 형성된
것을 알 수 있었다.

차에 올라 오늘 마지막 일정인 소금광산으로 향했다. 약 10분 정도
차를 달려 소금광산으로 가는 도중에 있는 유황 냄새가 나는 웅덩이를
찾았다. 검은색을 띠는 작은 웅덩이에서 하수구 냄새가 났다. 웅덩이
중앙에 유황 가스가 뿜어져 나와 물거품을 만들었다. 웅덩이를 한 바
퀴 둘러보고 소금광산으로 향했다.

이곳 소금광산은 이 지역에 살고 있는 아파르족의 삶과 밀접하게 연
관되어 있다. 뜨거운 햇살을 받으면서 광부들은 소금호수의 바닥에 있
는 두터운 암염을 끝이 날카로운 괭이로 떼어 낸 후 매끈한 사각형이
되도록 정으로 공들여 다듬고 있었다. 이들이 일하고 있는 한쪽에는 소
금을 싣고 갈 낙타들이 누워서 잠시 휴식을 취하고 있다. 땡볕에서 소

금을 채취하는 것이야말로 무척 고단한 작업일 것이라는 생각이 들었다. 머리에 수건을 두른 젊은이가 웃으면서 낙타에 소금을 싣고 있다.

이곳 사람들도 자신들의 고된 삶이 알려지는 것이 싫었던지 사진 촬영하는 것을 그리 반기지 않았다. 대부분의 아프리카 지역에서는 사진을 찍을 때에는 대개 1달러를 요구하며 공짜로 사진을 찍을 때에는 무척 불쾌한 표정을 짓기 때문에 신경을 많이 써야 한다.

소금사막의 뜨거운 열기가 느껴진다. 우리는 숙소에 들러 짐을 챙겨서 메켈레로 향했다. 요리사가 해 준 점심을 챙겨서 차에 싣고 길을 나섰다. 정오가 되면서 다나킬 사막이 뜨겁게 달아올랐다. 주변은 높고 황량한 산들이 병풍처럼 둘러싸여 있는 가운데 그 아래에는 끝없는 사막이 펼쳐져 있다. 가끔씩 누렇게 시든 풀들과 물이 흘렀던 골짜기에 아카시아 나무 몇 그루가 자라고 있을 뿐이었다. 40분 정도 차를 달린

ㅇ 아파르족의 소금 채취 모습

82

후에 점심 식사를 하기 위해 언덕 위에 차를 세웠다. 주변 환경으로 봐서는 도저히 믿기지 않는데, 우리 차 기사가 이곳에 폭포가 있다며 그곳에서 점심을 먹을 거라고 하였다.

메켈레(Mekelle)를 향해

차에서 내려 언덕으로 내려가 계곡을 따라가니 암반의 지층으로 시원하게 물줄기가 쏟아지고 있었다. 폭포 위에는 이곳에 사는 소년들이 낯선 방문객에게 멋진 다이빙 솜씨를 보여 주려고 자세를 취하고 있었다. 기사들이 갑자기 폭포 아래 웅덩이로 뛰어들어 수영을 즐긴다. 이에 뒤질세라 그동안 목욕도 못했는데 나와 안 선생님도 적당히 차려 입고 물로 뛰어들었다. 물이 귀한 지방에서 온몸을 물에 적시니 날아갈 듯 기분이 상쾌했다. 땅속에 있던 물이 계곡을 따라 흐르다가 암반층을 만나서 폭포가 되어 흘러내린 것이라고 한다.

점심을 먹고 다시 차에 올라 여정을 시작했다. 40분 정도 달려서 시골의 시장 모습을 보기 위해 어느 작은 도시에 들어갔다. 차에서 내리자마자 어디서 왔는지 수십 명의 아이들이 우리들 주변으로 몰려들었다. 시장은 무척 활기가 넘쳐흘렀다. 시장의 상품들은 우리 수준에서는 품질이 낮은 것 같았지만 이곳 에티오피아에서는 그런대로 품질이 괜찮은 편이라고 한다. 우리 한국인을 이렇게 단체로 보는 것이 신기했는지 아이들은 우리 일행을 계속 따라다니면서 감시하는 것 같았다. 물건을 사고 사진을 찍으려 했더니 완강하게 거절하였다. 대강 둘러보고 떠나려는데 우리 차 기사가 나타나지 않는다. 우리들은 차 안에서 불안한 마음으로 기사를 기다리는데 아이들 수십 명이 우리 차를 둘러

○ 광산

○ 모처럼 물을 만나서

○ 사막의 식생(큰 나무는 아카시아)

○ 시골의 작은 도시

○ 국제기구 건물들

○ 고개 위 전망대

싼 채 물러갈 생각을 하지 않는다. 아이들의 지나친 관심이 우리들을 불편하게 하고 경계심을 갖게 한다. 빨리 이곳을 벗어났으면 좋겠는데 기사는 어디 가서 이토록 애를 태우는지. 한참 지나서야 일행이 부탁한 슬리퍼를 사 들고 기사가 나타났다. 떠나는 차를 향해 작은 돌을 던지는 아이도 있었다. 특별히 갈 곳도 없고 낯선 외국인들에 대한 호기심 때문에 몰려든 것인데, 외국 여행을 하는 입장에서 우리가 너무 예민하게 반응하고 있는지도 모른다.

길옆의 풍경에서 에티오피아는 빈곤이 화석처럼 평범한 일상으로 굳어 버린 것을 느낄 수 있었다. 에티오피아의 빈곤 탈출을 위한 국제기구의 건물들이 가끔씩 눈에 띄었다. 한참을 달려 기다란 골짜기가 아득하게 내려다보이는 해발 2,500m에 위치한 고개 위 전망대에서 잠시 차를 세웠다. 고개 아래로 계곡이 깊이 파여 길게 이어져 있고 산의 중간중간에는 위 지층과 아래 지층의 경계를 이룬 암석층이 띠를 두르고 있어 마치 케이크 속의 무늬 같은 느낌이 들었다. 심심했던지 기사가 둥글게 생긴 돌을 집어 계곡 아래로 멀리 던져 본다. 아마 이들은 관광객들을 싣고 올 때마다 이곳에 들러 빛나는 꿈을 실어 수없이 많은 돌을 아득한 허공으로 날려 보냈으리라.

오는 도중에 높은 고원지대에 초원지대가 펼쳐지고 사람들이 소금사막에 사는 사람들보다 생활도 무척 윤택해 보였다. 이곳에서 많이 나는 노란색 돌로 집을 짓고 주로 밭농사와 목축업으로 풍요를 누리는 것 같았다. 드디어 메켈레가 한눈에 들어오는 전망대에서 햇살에 적당히 가려진 메켈레를 내려다보니, 넓은 분지 또는 구릉지에 자리 잡고 있는 도시가 눈에 들어왔다.

메켈레 공항에 도착하여 그동안 정들었던 안내자들과 작별 인사를 하고 해가 서산에 넘어갈 때쯤 아디스아바바행 비행기에 올랐다. 한식당 무지개에서 맛있게 저녁을 먹고 아디스아바바의 모자이크 호텔에서 여장을 푸는 것으로 오늘 일정을 마무리하였다.

○ 길옆의 시골 모습

○ 메켈레 전경

○ 메켈레 안내자 Abrha와 함께

○ 한식당 Rainbow

02

탄자니아

○ **여섯째 날(1월 11일)**

　　오늘은 에티오피아 일정을 마무리하고 탄자니아의 잔지바르를 향해 출발하는 날이다. 아침 6시 인솔자가 문을 두드린다. 아침 식사를 간단하게 마치고 8시 아디스아바바 공항을 향해 출발했다. 호텔에서 공항까지 그리 멀지 않아서 잠깐 마음을 정리하는 동안에 도착했다. 공항에서 입구로 들어가기 전에 여권과 짐을 대강 검사했다. 수속을 마치고 잔지바르행 비행기에 몸을 실었다.

　　아디스아바바를 벗어나자 산악지대와 사막이 계속 이어졌다. 에테오피아를 아프리카의 지붕이라고 부르는 이유를 알 수 있었다. 계속하여 가끔씩 초원이 나타나기는 하지만 대부분 사막이고 메마른 강은 누런색의 구불구불한 굵은 선이 되어 짙은 갈색을 띠는 주변의 사막과 힘겨운 대조를 이루고 있었다. 계속하여 Chalibi 사막과 Kulal 산과, Ndoto 산, Kaisuit 사막을 거쳐서 마냐라(Manyara) 호수 부근을 지나 12시 35분에 탄자니아의 킬리만자로 국제공항에 도착했다. 공항 주변은 초원지대이고 집이 군데군데 박혀 있었다.

탄자니아(Tanzania)

　　아프리카의 동부 적도 바로 아래에 위치해 있으며, 면적은 94만 7천㎢이고 인구는 약 5천 9백만 명(2018년 기준)이다. 언어는 주로 스와힐리어와 영어를 사용하고 있으며, 수도는 도도마(Dodoma)이지만 다르에스살람(Dar es Salam)이 정치·경제의 중심이 되고 있다. 국경 부근에 빅토리아호와 탕가니카호가 있다. 북부 지역은 가장 오랜 인류의 발상지

○ 탄자니아 지도

로 알려져 있으며, 아랍과 포르투갈, 독일, 영국 등의 지배를 받았다.

　1880년대부터 독일은 동아프리카에 관심을 갖기 시작하였으며 비스마르크 수상은 1884년 베를린 회의를 통하여 식민지 건설이 정치적으로 유용한 수단이 될 수 있을 것이라고 판단하여 탄자니아를 비롯한 동아프리카를 침략하기 시작하였다. 그리고 1886년 영국과 협정(Anglo-German Agreement)을 체결하여 탄자니아의 해안에서 빅토리아 호수까지 직선으로 경계선을 긋고 남쪽의 탕가니카를 1890년부터 1차 세계대전이 끝난 1916년까지 지배하였다. 이때 독일은 농업에 관심을 보여 코코넛, 커피, 사이잘삼, 면화, 고무 등의 재배에 힘을 쏟았다. 1916년부터 영국이 지배하기 시작하였으며 1922년 토지법령을 제정하여 백인들이 소유하고 있던 토지를 원주민들에게 재분배하여 농업에 활력을 불어넣었다.

그러다 1954년 탕가니카 아프리카 민족연합(TANU)이 결성되었으며 1961년 5월 1일 은예레레(Nyerere)를 수상으로 하는 완전한 자치정부를 수립하였다. 1964년 잔지바르와 합병하면서 탄자니아 공화국(United Republic of Tanzania)이 탄생하였고 은예레레가 초대 대통령이 되었다. 한편 영국통치를 받던 주변의 우간다, 케냐와 함께 오랫동안 경제, 교통의 측면에서 공동체로 지내 왔으며 독립 이전까지 여러 차례 영국의 주도하에 통합을 시도하였으나 실패하였다. 세 나라가 독립한 후 1967년 동아프리카 공동체가 탄생되었으나 화폐제도와 자국민의 이해관계 등의 문제점을 극복하지 못하고 1977년 해체되었다.

○ 하늘에서 본 잔지바르

1시간 정도 공항에 머물렀다가 1시 35분 잔지바르를 향해 출발했다. 20분 조금 넘게 남동 방향으로 비행하자 인도양의 잔지바르 해협이 나타났으며 몇 분 후에 잔지바르섬이 시야에 들어왔다. 해안선을 따라 남쪽으로 비행하자 옥빛의 바닷가와 백사장, 해안가의 숲들이 눈에 들어왔다. 조금 더 안쪽으로 이동하니 주로 함석지붕의 낮은 집들이 줄지어 채워져 있었다.

오후 2시 15분에 잔지바르(Zanzibar) 국제공항에 도착하였다. 비가 왔는지 공항의 활주로와 계류장 바닥에 물기가 많이 남아 있었다. 앞쪽에는 경비행기도 몇 대 보였다. 탄자니아를 비롯한 아프리카에서는 관광지나 작은 도시로 이동할 때 경비행기를 많이 이용한다고 한다. 노란색 황열예방접종 증명서를 준비하고 비자신청서 서류를 작성하는 동안 무더위에 온몸이 땀에 젖기 시작한다. 서류를 제출하고 몇 가지 질문에 대답하고 지문검사와 함께 입국심사를 마무리하였다. 생각했던 것보다 친절하고 직원들이 무척 여유 있어 보였다. 짐을 들고 밖으로 나오니 붉은색 티셔츠를 입은 '알리'라는 젊은 안내자가 우리를 맞이했다.

잔지바르(Zanzibar)

'아프리카의 흑진주'라고 불리는 잔지바르는 본섬인 웅구자(Unguja)섬과 펨바(Pemba)섬으로 구성된 작은 나라였으며, 남북으로 길게 뻗어 있고, 길이는 약 87㎞, 폭은 25~30㎞ 정도로 면적은 제주도보다 약간 작은 1,660㎢이며 산호초로 이루어진 평탄한 섬이다. 우기와 건기가 뚜렷하고 계절풍을 이용하여 오래전부터 아랍인들이 범선을 이용하여 이 지역에 진출하여 아리비아 반도와 동아프리카 연안의 중

계무역 기항지가 되었으며, 오랫동안 이슬람의 지배를 받아서 주민의 약 90% 이상이 무슬림이다. 1498년 바스코 다 가마(Vasco da Gama)가 희망봉을 돌아 인도 항로를 개척한 후 1503년 포르투갈 사람들이 점령하였고, 1832~1861년 오만 제국의 수도였으며, 1861년부터 잔지바르 왕국의 수도였다.

향신료와 노예무역의 전초기지로서 오만이 점령한 시대부터 값비싼 향신료였던 정향을 본격적으로 재배하여 명성을 얻기 시작했다. 1896년 영국이 잔지바르 술탄과의 전쟁에서 승리함으로써 영국령이 되었으며 1963년 영국으로부터 독립하였다. 1964년 1월 탕가니카의 자치령이 된 후 탕가니카와 합해지며 탄자니아(Tanzania)라는 나라가 탄생되었다. 탄자니아는 '탕가니카'와 '잔지바르'를 합해서 만든 이름이다. 이러한 역사적 배경 때문에 잔지바르에는 아프리카, 포르투갈, 아랍, 영국, 인도 등의 영향을 받아 독특한 문화가 형성되었다.

작은 승합차에는 짐을 싣고 우리는 큰 버스를 타고 이동하였다. 과거 이슬람, 독일, 영국의 식민 지배를 받은 곳이라 건물들도 여러 양식이 혼재해 있고 수리하지 않은 채 세월의 기억을 간직한 검은색의 낡은 건물들이 그대로 남아 있어 이 도시의 오랜 역사를 말해 주고 있었다. 강수량이 많고 평균기온이 높기 때문에 큰 나무들이 많이 자라고 있어서 도시의 미관을 한층 돋보이게 한다.

우리는 차에서 내려 과거 동아프리카 노예 시장의 중심지였던 유적지를 찾았다. 'East African Slave Trade Exhibit(1800~1909)'라고 적힌 입구의 표지판이 과거 이곳이 노예시장이었음을 말해 준다. 옅은 노란색으로 칠해진 외벽은 지은 지 얼마 되지 않은 것처럼 깨끗하다. 이곳이

동아프리카 노예무역의 중심지였던 바로 그 현장이다. 건물 안으로 들어가자 아프리카 흑인들의 가슴 아픈 노예 역사를 기록한 사진과 기록들이 전시되어 있다. 희망을 잃고 표정 없이 쇠사슬에 묶인 흑인들의 모습이 마음을 무겁게 한다.

또한 이 건물에는 노예로 팔려 가기 전 쇠사슬에 묶인 채 감금되어 있던 반지하식 방도 있었다. 건물 귀퉁이에 기다란 4각형 구조의 방에 양쪽에 시멘트로 허리 높이의 침상을 만들고 가운데에 통로를 냈으며, 벽에는 겨우 질식을 면할 정도의 길쭉하게 생긴 작은 환기 구멍이 뚫려 있었는데, 이들이 외부와 통할 수 있는 유일한 창구였다. 그들은 이곳에서 먹고 자고 통로에 배설하면서 팔려 가기 전까지 그야말로 짐승만도 못한 생활을 하며 앞으로 닥쳐올 자신들의 비참한 운명을 기다렸다.

머리를 숙이고 조심스럽게 노예들이 갇혀 있던 방으로 들어갔다. 노예들의 한숨과 고통이 켜켜이 퇴적되어 시멘트 바닥을 풍화시키고 절망의 끝을 지나 삶에 대한 절박한 소망이 차가운 시멘트 바닥에 이끼로 피어났다. 자유를 갈망하면서 이곳저곳에 남긴 낙서가 지옥에서 빠져나오려고 몸부림치며 절규하던 당시의 아픔을 말해 주고 있으며, 그들을 묶었던 쇠사슬은 흑인들의 원혼(冤魂)이 스며 있는 듯 붉게 녹슬어 있었다. 그들이 누웠던 바닥과 천장 사이는 1m도 채 되지 않으며 제대로 앉을 수도 없는 상태에서 쇠사슬로 목이 함께 묶인 채로 지옥 같은 이 방에서 죽음보다 못한 삶을 견뎌야 했다.

넓은 방에는 남자 노예 최대 75명을 수용하고 반대편에는 여자들 약 50명 정도를 수용했다고 하며, 그 중간에도 작은 방이 있었다. 이런

○ 쇠사슬에 묶인 노예들

○ 노예들을 수용했던 건물

○ 수용소 내부

악조건 속에서도 건강하게 살아남은 노예는 그만큼 비싼 값에 팔려 나갔으며 자연스럽게 노예의 등급을 정할 수 있었다고 한다.

　'이성적 동물'이라고 스스로 자만에 빠진 인간의 이중성과 잔혹함에 섬뜩함과 두려움이 몰려온다. 인간의 모순된 사고와 행동은 어느 선까지 이해되고 용서되는 것인가? 어떤 경우에 그것이 허용되고 또 어떤 경우에 인정되지 않는 것일까? 인간의 이기심이 가장 극명하게 드러나는 것이 노예제가 아니겠는가?

흑인 노예무역

약 1만 년 전부터 시작된 신석기 시대의 인류는 채집과 수렵 생활에서 벗어나 농사를 짓고 가축을 사육하면서 경제적인 풍요를 누리게 되었다. 이러한 경제적 풍요는 더 좋은 땅과 잉여 농산물에 대한 관리, 이를 지키거나 다른 사람들의 것을 빼앗기 위한 쟁탈이 시작되었다. 지금도 동물의 세계에서 벌어지는 먹이 쟁탈이 문명의 발달에 따라 인간 세계에서 전쟁이라는 체계화된 양식으로 바뀐 것이다. 이런 전쟁의 결과, 사회 제도의 부작용에서 노예제도가 탄생되었을 것이다.

인류 역사에서 노예제도는 동서양을 막론하고 그 뿌리가 매우 깊다. 우리나라에서도 노예제가 오랜 기간 지속되었으며 법률적으로는 1894년 갑오개혁 때 폐지되었다. 특히 신분에 따른 노예제는 같은 민족, 같은 국가 내에서 하나의 사회제도로 인정되어 오랜 세월 지속되었다.

○ 노예선에서 흑인 노예들을 실었던 모습

그러나 다른 나라에 살고 있는 서로 다른 인종에 대한 편견과 멸시를 바탕으로 한 흑인 노예 문제는 다른 각도에서 살펴볼 필요가 있다.

유럽이 아프리카에 진출하기 훨씬 이전인 700~800년경에도 아랍의 상인들은 북아프리카, 동아프리카 지역 등 여러 지역에서 노예무역을 실시하였다. 유럽인들이 흑인 노예무역을 거의 독점하기 전까지 약 천 년 동안 유럽이나 아메리카로 팔려 간 노예와 거의 맞먹는 약 1,500만 명의 노예가 아랍으로 끌려갔을 것으로 추정된다. 더구나 아랍으로 팔려간 남자 흑인 노예들은 이슬람 경전인 코란의 가르침에 따라 자손을 남길 수 없도록 거세를 당했기 때문에 오늘날 미국이나 브라질 등에 흑인 노예들의 자손들이 많이 살고 있는 것과 달리 아랍에는 흑인들의 수가 많지 않다. 흑인 여자들은 아랍 남자들의 첩이 되어 간혹 아이를 낳았으며, 이들에 의해 흑인의 유전자가 아랍인들이 몸속에 남아 있게 된 것이다.

아랍과의 노예무역은 주로 북아프리카와 동아프리카 지역의 무역상을 통하여 이루어졌다. 기니를 중심으로 한 서아프리카에서는 주로 유럽과 아메리카로 팔려 갈 노예들의 무역이 성행하였다. 아메리카로 팔려 간 노예들은 주로 카리브해의 사탕수수 농장에서 참혹한 생활을 했으며 일부는 미국과 브라질 등으로 팔려 나갔다.

백인들의 흑인 노예무역은 성서의 그릇된 해석과 백인들의 흑인에 대한 편견과 백인 우월주의, 그리고 이에 편승한 사상가나 철학자들의 잘못된 인식 등에 의해 양심의 가책을 느끼지 않고 거침없이 자행되었다. 특히 독일의 철학자 헤겔은 아프리카를 가 보지도 않고 흑인들을 인간과 원숭이의 중간 단계로 설정하고 흑인들의 역사와 문명 등을 부정함으로써 노예무역상들의 잔악한 행위를 정당화하는 이론적 근거를 제공해 주었다.

　건물을 나오면 끌려 나온 노예들을 거래하던 시장이 섰던 광장이 나온다. 바로 이곳에서 모자를 쓰고 채찍을 든 백인들이 겁에 질려 떨고 있는 흑인들을 물건처럼 다루며 흥정하였을 것이다. 광장의 한쪽에는 노예제도의 비정함을 폭로하고 인간은 누구나 평등하며, 노예제도의 슬픈 역사를 기억하고 다시는 이러한 비극이 반복되지 않기를 기원하는 의미에서 사각형의 구덩이에 한 가족으로 보이는 5명이 목에 쇠사슬로 묶인 채 끌려가는 비참한 장면을 묘사한 조형물이 있다.

앙글리칸(Anglican) 성공회 교회
　잔지바르에서 가장 오래된 교회로, 영국인들이 노예무역에 대한 속죄를 하기 위해 지은 것이다. 처음에는 지금보다 훨씬 큰 규모로 건설하려고 하였으나 자기가 거주하는 곳보다 높게 지을 수 없다는 술탄의 말에 따라 설계를 변경하여 계획했던 것보다 낮게 지었다고 한다.

○ 앙글리칸(Anglican) 교회

○ 흑인 노예들에 대한 추모 조형물

설교단 아래의 왼쪽(들어가는 방향) 벽에는 1m 정도의 나무로 된 십자가가 있는데, 이는 잠비아의 일라라(Ilala) 지역의 치탐보 마을의 리빙스턴의 심장이 묻힌 곳에서 자란 나무로 만든 십자가로 '리빙스턴 십자가'라 불리며 1901년 이 교회에 기증되었다.

리빙스턴이 죽었을 때, 마을의 추장은 리빙스턴의 영혼은 아프리카를 여행 중일 것이라며 심장을 치탐보 마을의 나무 밑에 묻었다고 한다. 리빙스턴은 노예무역을 강력하게 비판하고 폐지 운동에 앞장섰으며, 이러한 노력의 결과로 1873년 영국정부는 노예폐지 칙령을 발표하였다. 그러나 이곳 잔지바르에서는 아랍인들에 의해 그 이후에도 계속되었으며 1897년에야 비로소 폐지되었다.

추모 조형물을 둘러보고 교회 안으로 들어갔다. 안으로 들어서자마자 십자가에 못 박힌 예수를 새겨 넣은 커다란 돌로 된 잔이 있었다.

○ 다라자니 시장

과거 노예들을 올려놓고 거래하던 경매자리는 지금 제단이 되었고 탐욕이 가득 찬 노예상인들이 앉아 있던 곳은 신자석이 되었다고 한다.

노예 유적지를 빠져나와 다라자니(Darajani) 시장으로 향했다. 잔지바르는 남위 6° 정도이고 연간 강수량도 많아서 과일과 채소, 향신료 등이 풍부하게 생산되고 있다. 시장은 발걸음을 옮기기가 힘들 정도로 사람들로 북적이고 상인들은 리어카나 좌판에 물건을 쌓아 놓고 손님들과 흥정을 한다. 과일과 채소, 색색의 옷과 각종 물건들을 사고팔면서 활기가 넘쳐난다.

스톤타운(Stone Town)

시장과 이어진 길을 따라 스톤타운(Stone Town)으로 발길을 옮겼다. 잔지바르의 문화적·역사적 중심지로 잔지바르에서 가장 번화한 곳이다. 좁은 미로, 떠들썩한 시장, 웅장하고 고풍스런 18~19세기에 지은 아랍풍의 대저택들이 남아 있고 흰색 칠을 한 벽에 나무 대문을 단 집들이 좁은 골목의 양쪽으로 길게 이어져 있다. 거리가 아랍·유럽·인도식풍의 건물들로 채워져 있어서 독특한 분위기를 연출하며, 이러한 다양한 양식과 문화가 복합적으로 조성된 것이 인정되어 2000년 세계문화유산으로 지정되었다. 영국 록 그룹 '퀸(Queen)'의 보컬을 맡았던 프레디 머큐리가 탄생된 곳이기도 하다.

골목은 좁고 미로처럼 생겼으며 좁은 골목의 양쪽으로 오래전 시간이 정지된 듯한 집들이 늘어서 있다. 좁고 미로 같은 골목은 여러 민족의 침입을 받으면서 생명과 재산을 지키기 위해 적을 무찌르기 유리했을 것이며, 뜨거운 햇볕을 줄이고 건물 사이의 좁은 공간으로 바람이 빠르게 지나가면서 더위를 식힐 수 있었을 것이다(벤츄리 효과). 현재 이런 건물들은 기념품 가게나 개인 집으로 활용되고 있다. 좁은 골목길로 짐을 실은 자전거가 오가고 히잡을 두른 여인들은 사진에 찍힐까 봐 수줍은 듯 얼굴을 가린다. 이따금 코피아(Kopiah) 모자를 쓴 노인들이 바라자(대문에 연결되어 낮게 이어진 시멘트로 된 쪽마루)에 앉아서 한가롭게 이야기를 나누고 있다.

건물의 벽은 대부분 흰색이며 뜻도 모를 낙서가 어지럽게 그려져 있고, 일부는 허물어지고 검게 이끼가 끼어 가난이 전통에 가려 묘한 분위기를 연출한다. 이곳 스톤타운의 명물 중 하나는 대문에 달린 굵은 놋쇠로 된 뾰족한 장식인데, 이는 인도 사람들이 코끼리의 공격을 막기 위한 장식으로 이곳에도 그대로 적용되어 독특한 양식으로 남아 있다. 골목이 좁고 미로가 많아서 잠깐 한눈을 팔면 길을 잃기 십상이다.

○ 스톤타운 거리 모습

○ 인도 양식 대문   ○ 힌두 사원

오래전부터 인도인들은 상업을 위해 이 섬에 들어왔으며 지금도 그 후손들이 많이 살고 있어서 힌두 사원도 있고, 집 앞에 힌두 양식의 장식을 한 곳도 가끔씩 눈에 띈다.

    스톤타운의 거리를 빠져나와 인도양 쪽으로 걸어갔다. 재정적으로 여유가 없어서인지 오만제국, 술탄 왕국, 영국 식민지 시절에 지어졌던 유적과 건물들은 대부분 수리하지 못한 채 그대로 방치되어 있었다. 우리는 인도양을 바라보고 있는 가장 현대적 냄새가 풍기는 베이트 엘 아자이브(Beit el Ajaib) 왕궁, 별칭 '경이의 집(Wonder House)'에 도착하였다.

경이의 집(Wonder House) 베이트 엘 아자이브(Beit el Ajaib) 왕궁

1883년에 세워져 잔지바르의 술탄이 사용하던 왕궁으로, 잔지바르에서 최초로 전기가 들어오고 엘리베이터가 설치되었으며 이를 본 사람들이 놀라서 붙인 이름이 '경이의 집(House of Wonder)'이다. 대문 앞에는 대포 2문이 인도양을 향해 배치되어 있고, 옆에 있는 베이트 엘 사엘(Beit el Sahel)은 1964년까지 술탄이 왕궁으로 사용하던 곳이며 1964년부터 왕궁 박물관으로 이용하고 있다.

왕궁 앞에 넓게 펼쳐진 포로다니 공원(Forodhani Park)에는 콩과 식물의 노란색 꽃을 비롯하여 붉은색 꽃이 달린 자귀나무, 협죽도, 야자수 등이 숲을 이루고 다양한 먹거리를 파는 간이식당들이 구석구석에 자리잡고 있다. 바다 가까이에 녹슨 대포가 인도양을 향해 꿋꿋하게 자리

○ 경이의 집(Wonder House)

○ 포로다니 공원(Forodhani Park)   ○ 인도양에 떠 있는 배들

를 지키고 있고 바다에는 과거 이곳이 동아프리카의 주요 무역항이었음을 말해 주듯이 커다란 유람선을 비롯한 화물선, 작은 어선들이 떠 있다.

많은 사람들이 인도양을 바라보고 시원한 바람을 쐬면서 맛있는 음식으로 잔지바르의 정취를 즐기고 있다. 공원을 조금 벗어나자 오만 제국 시절 만들었던 요새와 그들의 독특한 양식인 방패 모양의 검게 이끼 낀 성가퀴가 길게 띠를 두르고 있다. 요새를 지나 넓은 길로 나오니 이곳의 건물들은 새로 단장한 듯 비교적 깨끗한 편이었다.

프레디 머큐리(Freddie Mercury)

조금 경사진 길을 따라 올라가니 많은 사람들이 대문 앞에 북적이고 있었다. 이곳이 영국의 유명한 록(Lock) 그룹의 보컬(vocal)을 맡았던 프레디 머큐리(Freddie Mercury)가 태어난 집이었다. '인생은 짧고 예술은 길다.'라는 말이 실감 날 정도로 세상을 떠난 지 30년이 다 되어 가는

데도 그에 대한 사랑은 여전히 식지 않고 있다.

1946년 9월 탄자니아의 잔지바르에서 태어났으며 1969년부터 1991년까지 가수, 작곡가, 레코드프로듀서로 활동하였다. 조로아스터교(배화교)를 믿었던 그의 부모는 인도의 몸바이(Mombay)에서 잔지바르로 이주하였고, 프레디 머큐리도 조로아스터교 신자였다. 부모를 따라 인도로 건너가 어린 시절 대부분을 인도에서 보낸 그는 7살 때부터 피아노를 배웠고 12살 때 학교에서 'The Hectics'라는 밴드를 결성하여 클리프 리처드(Cliff Richard)와 같은 로큰롤 가수들의 노래를 부를 정도였다. 1964년 영국으로 이주한 후, 1971년 영국 런던에서 브라이언 메이(Brian May), 존 디콘(John Deacon), 로저 테일러(Roger Taylor) 등과 함께 록 그룹 퀸(Queen)을 결성했으며, 그는 보컬과 피아노를 맡았다. 1973년 데뷔앨범 '퀸(Queen)'을 발표했으며, 대표 앨범으로는 〈The Game(1980)〉이 있고 대표곡으로는 〈보헤미안 랩소디〉, 〈Love of my life〉, 〈Somebody to love〉, 〈We are the Champions〉 등이 있다.

양성애자(兩性愛者)였으며 무분별한 생활로 에이즈(AIDS, 후천성면역결핍증-HIV에 감염되어 면역기능이 떨어져 여러 가지 질병을 복합적으로 앓게 되는 증상)가 발병되었으며 자신이 에이즈 환자임을 발표한 지 하루 만인 1991년 11월 24일 45세를 일기로 세상을 떠났다. 그의 전기를 그린 영화 〈보헤미안 랩소디〉가 2018년 10월 31일 개봉되어 국내의 많은 팬들이 그의 음악에 대한 열정과 독특한 목소리로 많은 사람들의 영혼을 울렸던 그의 노래를 들으면서 그를 추모하고 퀸에 대한 열기가 고조되기도 하였다.

길옆의 기념품 가게마다 사람들로 북적인다. 생각했던 대로 잔지바

○ 프레드 머큐리 생가

르는 보면 볼수록 묘한 분위기를 풍기는 매력이 넘치는 관광지이다.

오늘 일정을 마치고 숙소인 잔지바르 세레나 호텔(Zanzibar Serena Hotel)로 이동하였다. 세레나 호텔은 나무숲에 가려진 흰색의 3층 건물로, 과거 중국인 의사가 지었던 저택을 일부 개조하여 1995년부터 호텔로 사용하기 시작했다고 한다. 호텔 안으로 들어서자 노란색 모자와 조끼를 입은 종업원이 손수건과 음료수를 나눠 주며 친절하게 맞아 주었다. 인도양이 바라보이는 식당에서 석양의 파도 소리를 들으면서 스테이크와 와인 한 잔으로 잔지바르의 낭만을 담아 맛있게 식사를 하였다. 예쁜 모기장 속에서 잔지바르의 첫 밤을 보냈다.

○ 노점 식당

○ 아랍 양식의 성

○ 잔지바르 세레나 호텔

○ 일곱째 날(1월 12일)

오늘은 여유 있게 쉬고 9시에 향신료 농장 답사를 위해 출발했다. 일행 중 한 명이 어제 저녁에 대포 소리에 놀라서 총격전이 벌어진 줄 알고 걱정하여 밤새 잠을 못 잤다고 한다. 나중에 알고 보니 탄자니아 독립을 기념하기 위해 54발의 축포를 쏘았다고 한다. 안내자 알리는 오늘 집안 조카의 결혼식이 있어서 흰색의 이슬람 예복을 말끔하게 차려입고 우리를 맞는다.

향신료 농장 투어

약 30분 정도 달려서 시내의 외곽에 있는 '키짐바니(Kizimbani)' 향신료 농장에 도착했다. 잔지바르는 '향신료 섬(Spice Island)'이라고 불릴 정도로 향신료로 유명했으며, 특히 이곳의 향신료는 수 세기 동안 오만 제국의 술탄을 유혹하고 인도양을 거쳐 아랍, 유럽 등 여러 나라로 수출되었다. 오만제국의 왕은 1820년대부터 잔지바르에 정향나무를 비롯한 향신료를 본격적으로 재배하기 시작하였으며 현재에도 여러 개의 향신료 농장이 있어, 인도와 스리랑카의 투어 방식을 도입하여 관광객들을 대상으로 이곳 향신료에 대한 홍보를 강화하고 있다.

향신료 농장에 도착하자 주변에 야자수를 비롯한 키 큰 나무들과

○ 너트멕(Nutmeg)

바나나, 각종 향신료 나무들이 **빽빽**하게 들어차 있었다. 농장의 안내자들은 우리들에게 선물하려고 야자 잎으로 넥타이를 비롯하여 모자 등을 만들고 있었다. 농장의 현지 안내자가 살구처럼 생긴 너트멕(Nutmeg)을 따서 우리들에게 보여 주었다. 열매를 반으로 쪼개자 생강 냄새가 나고 노란 과육 속에 붉은색 껍질에 싸인 갈색의 씨가 나타났다. 바로 이 씨가 비싼 향신료의 원료가 되며 껍질은 공기청정제로 사용된다고 한다.

잠시 앞으로 이동하여 나무의 줄기 끝에 붉은 털이 복슬복슬하게 나 있는 잔지바르 립스틱 나무를 소개하였다. 열매를 쪼개니 립스틱처럼 붉은색을 띠는 색소가 가득하고 실제로 얼굴과 입술에 바르니 유명한 화장품 회사의 립스틱과 아주 비슷했다. 설명을 들으면서 우리 일행들도 따라서 얼굴과 입술에 바르며 멋을 내 본다.

농장 길을 따라 가니 집 앞에 해바라기 꽃이 노랗게 피어 있고 건너

○ 립스틱 나무   ○ 멋 좀 부려 볼까

○ 정향나무

편에는 농장 인부들이 사는 집들이 모여 있다. 이슬람 학교 앞 벽에 머리에 히잡을 두른 어린 소녀가 앉아서 수줍은 모습으로 우리를 바라보고 있다. 농장의 한쪽 밭두둑에는 남아메리카 원산인 카사바(Cassava)가 한창 자라고 있었다. 카사바는 이곳 아프리카에서도 아주 중요한 녹말 공급원으로 식량 문제를 해결하는 데 중요한 역할을 하고 있다.

　길을 따라 앞으로 나가니 잎이 동백나무처럼 생긴 클로브나무 숲이 나타났다. 클로브(Clove, 정향나무)는 치약의 원료, 죽을 끓일 때 또는 음식을 만들 때 사용하며 국가가 관리하는 수종으로 정부의 수매가가 낮아서 민간인들끼리 밀매를 하는 탓에 범법자들이 많아졌다고 한다. 바로 이 정향나무가 잔지바르의 향신료를 대표하는 식물이다. 이밖에도 결혼식 때 장식용으로 사용하는 란타나(Lantana), 그리고 음료를 만들 때 사용하는 계피나무 등을 차례로 살펴보았다.

○ 란타나(Lantana)　　　　　　　　　　　　　　　　　○ 목화나무

○ 미모사

　　농장 한가운데 커다란 야자수 나무가 시원하게 하늘로 뻗어 있고, 그 아래 숲속의 작은 오두막에서 각종 향신료를 다양한 모양으로 포장해서 팔고 있었다. 이곳 농장에 사는 아이들이 우리 일행들을 신기한 듯 바라보며 따라다닌다. 이곳을 찾는 관광객들이 많아서 외부 사람들에 대하여 아주 익숙해진 모습이다. 바깥세상의 궁금증에 더는 못 견디고 터져 나온 목화나무의 하얀 솜들이 녹색의 잎 사이로 뭉치꽃을 피

웠다. 솜뭉치 같은 것이 땅에 떨어지면 주워서 솜처럼 이용한다고 한다. 솜을 이루는 성분은 다당류의 일종인 셀룰로오스이며 식물세포에서 세포벽의 주성분이기도 하다.

먹구름이 끼더니 잠시 한줄기 비가 쏟아진다. 비를 맞은 식물들의 잎에 동그란 물방울이 맺힌다. 길옆의 작은 풀숲에 연분홍색 꽃이 달린 미모사가 수줍은 듯 숨어 있다. 미모사는 자극을 받으면 팽압 운동에 의해 순식간에 잎들이 일시에 접힌다. 이러한 원리를 이용하여 누가 왕궁을 다녀갔는지 파악하기 위해 왕궁 앞에 미모사를 많이 심었다고 한다. 미모사의 잎을 건드리면 전기 신호가 잎자루를 따라 이동하며 세포에서 수분이 갑자기 빠져나가 세포가 수축되어(팽압이 낮아져) 잎이 아래로 처지게 된다. 동물이 건드렸을 때에도 같은 반응이 일어나 잎이 시든 것처럼 위장하여 자신을 보호할 수 있다. 처음 상태로 되돌아가는 데 약 15분~30분 정도 걸린다.

앞으로 이동하면서 후추와 레몬글라스, 크리스마스플라워 등을 살

○ 레몬그라스(Lemongrass)

○ 바닐라(Vanilla)

○ 로브스터커피

○ 후추

○ 잭프루트(Jackfruit)

○ 코코아(Cocoa)

○ 농장 내 향신료 매점   ○ 예쁘게 멋을 내고

펴보았다. 키 큰 로브스터(Robusta) 커피나무와 잭프루트(Jack fruit), 향긋한 향기를 풍기는 바닐라, 초콜릿의 원료인 코코아 열매 등 다양한 향신료와 과일들을 볼 수 있었다.

젊은이가 여자들에게는 야자 잎으로 모자를 만들어 한쪽에 꽃을 꽂아서 주고 남자들은 야자 잎으로 만든 넥타이를 선물하였다. 휴게소로 안에서 농장에서 구입한 잭프루트를 비롯하여 바나나, 파인애플, 유자, 수박 등을 먹으면서 향신료 농장 답사를 마무리하였다.

호텔 옆 식당에서 오후에 답사할 프리즌아일랜드(Prison Island)를 바라보면서 식사를 하였다. 고기잡이배들과 프리즌아일랜드로 가는 배들이 파도를 헤치며 힘들게 나아가는 모습이 조금은 위태롭게 보였다. 작은 배를 타고 파도치는 인도양을 가로질러 30분 정도 가야 한다. 배를 타고 프리즌아일랜드를 향해 가는 사람들을 보면서 은근히 걱정되었다.

호텔에서 주는 커다란 수건을 메고 스노클링(snorkeling)을 위한 기본

채비를 갖추고 배에 올랐다. 우리 일행은 2척의 배로 나뉘어 출발하였다. 고기잡이배들이 해안가를 따라 수없이 지나간다. 막상 배를 타고 바다 한가운데로 나오니 거센 파도가 뱃전에 부딪혀 물보라를 만들고 파도가 칠 때마다 배가 심하게 요동을 쳤다. 뒤돌아보니 멀리 숙소가 있는 잔지바르의 해변이 아득하게 보였다. 섬에 다가서자 나무로 길게 만든 선착장이 보였다. 주변의 백사장은 희고 옥색의 바닷물 속에서 사람들이 즐겁게 해수욕을 즐기고 있다.

프리즌아일랜드(Prison Island)

과거 노예로 팔려 온 흑인들을 도망가지 못하도록 이 섬에 가두었기 때문에 이런 이름이 붙었으며 스와힐리어로 '창구섬(Changuu Island)'이라고 불린다. 한때 나병에 걸린 사람들을 격리시키기도 했으며 실제로 이곳에 죄수들을 가둔 적은 없었다고 한다. 감옥으로 사용하기 위해 지었던 건물은 지금은 인도 사람이 운영하는 호텔 겸 카페로 변했으며, 바닥에 쇠사슬을 걸었던 고리가 남아 있어 과거의 아픈 상처를 떠올리게 한다.

1901년 영국인들이 코끼리거북이 3마리를 들여와 번식시켰으며 2018년 지금은 약 110여 마리에 달하고 있다. 이곳에서는 코끼리거북 보호구역을 만들어 보존하고 있다. 코끼리거북 보호 구역으로 들어가니 거북이들이 삼삼오오 짝을 지어 여러 곳에 작은 무리를 지어 흩어져 있었다. 등껍질이 매우 딱딱하게 생긴 코끼리거북은 자기들을 둘러보는 관광객들을 전혀 의식하지 않고 사람들이 건네는 풀을 슬그머니 받아먹는다. 사람들이 다니는 통로에도 거침없이 들어와 사람들을 맞는

○ 프리즌아일랜드를 향해　　　　○ 프리즌아일랜드의 백사장과 인도양

○ 노예 감옥(현재는 카페)　　　　○ 코끼리거북

다. 새끼들은 별도로 만든 우리에 모아서 기르고 있었다. 현재의 상태
로 보아 조만간 개체 수가 포화 상태에 도달할 것 같았다.

　코끼리거북 보호구역을 나와 스노클링을 하기 위해 배를 타고 바다
로 나왔다. 구명조끼를 입고 기본 장비를 착용하고 바다로 뛰어들었
다. 옥색의 맑은 인도양에서 물가에 나온 어린아이처럼 시름을 던져
놓고 가벼운 마음으로 수영을 즐겼다. 바다에 둥둥 떠다니며 바닷속을

보니 색다른 재미와 신기한 기분이 들었다. 바다의 깊이는 2~3m 정도이고 바닷속에는 해조류와 불가사리, 고둥, 산호 등이 있고 작은 물고기들이 무리 지어 우리들 주변을 스쳐 가곤 했다. 바닷속의 일부는 백화현상이 일어난 곳도 눈에 띄었다.

배를 타고 숙소로 돌아올 때쯤, 태양이 인도양 깊은 곳으로 서서히 빠져 들어가고 있었다. 호텔 수영장에서 일행들과 수영을 하면서 즐거운 시간을 보냈다. 호텔 식당의 야외무대에서는 잔지바르의 고유음악인 타아랍(Taarab)을 연주하고 합창을 하면서 관광객들에게 이국의 정취를 선사하고 있었다. 타아랍은 아랍과 아프리카, 인도의 음악이 융합된 잔지바르의 전통음악으로 100여 년 전에 만들어진 것으로 알려져 있으며 느리고 정적인 것이 특징이다.

◦ 호텔 수영장에서

◦ 타아랍을 연주하는 원주민들

○ 여덟째 날(1월 13일)

아루샤(Arusha)를 향해

오늘은 탄자니아의 아루샤(Arusha)로 들어가는 날이다. 아침 일찍부터 부지런한 어부들은 저마다 독특하게 생긴 고깃배를 타고 인도양의 물살을 가르며 힘차게 만선가(滿船歌)를 부르며 하루를 시작한다. 어제 배를 타고 다녀왔던 프리즌아일랜드가 아득하게 보인다. 점심 식사 후 잔지바르 공항으로 이동하여 오후 1시가 넘어 아루샤행 비행기에 몸을 실었다. 옥빛의 인도양과 은빛의 백사장도 보이고 탄자니아 본토로 들어오면서 녹색의 초원이 펼쳐졌다.

1시간 정도 비행하여 2시 30분쯤에 아루샤 공항에 도착했다. 아루샤

공항은 크지 않았으며 이곳의 계류장에도 경비행기가 많이 있었다. 비행기에서 짐을 내려서 출입구 쪽으로 싣고 와서 여행객이 직접 수레에서 짐을 찾는 방식이다. 기다리지 않고 아주 간단하고 확실하게 짐을 찾는 방법이었다. Malza restaurant 앞에서 잠시 기다리는 동안 도착한 승합차에는 짐을 싣고 우리는 작은 버스를 타고 아루샤의 유명한 커피 농장이며 숙식을 겸하는 아루샤 커피 로지(Arusha Coffee Lodge)로 향했다.

19세기 말에 독일의 지배를 받으면서 커피 재배가 시작되었으며 1차 세계 대전 이후 영국의 식민지가 되면서 커피 산업이 발달하였고, 유럽에서는 '커피의 신사'또는 '영국 왕실의 커피'라고 불릴 정도로 유명해졌다. 이곳 아루샤는 해발 고도가 1,350m로 강수량도 적당하여 아라비카 커피를 재배하는 데 최적의 환경을 갖추고 있다. 예쁘게 단장한 정원과 아늑하고 세련된 건물들이 숲속에 자리 잡고 있었다. 커피 농장의 안내인을 따라 아라비카(Arabica) 커피가 자라고 있는 농장으로 향했다. 이곳에서는 커피를 묘판에서 싹 틔운 후 3개월 후 밭에 옮겨 심으며 보통 3~10년까지 품질 좋은 커피를 생산할 수 있다고 한다.

이 농장은 독일 식민지 시대부터 커피를 재배한 이 지역에서 가장 오래된 농장이라고 하며, 주로 아라비카 커피를 재배하는데 키가 작아서 작업하기에 편하다고 한다. 아라비카 커피는 향과 맛이 우수하고 로브스터 커피에 비해 카페인이 적으며 손이 많이 가기 때문에 가격이 비싸며 대부분의 고급 커피는 아라비카 커피의 원두를 이용한다. 로브스터 커피는 나무가 크고 손이 덜 가며 카페인이 상대적으로 많으며 값이 싸서 인스턴트커피의 원료로 많이 사용된다고 한다.

안내인을 따라 농장 안을 둘러보았다. 악마의 유혹 같은 검은색이 나올 거라고는 상상이 가지 않는 하얗게 핀 순백의 커피 꽃에서 풍겨나는 향기가 미풍에 흔들리며 녹색의 대지를 휘감는다. 다른 커피 농장

○ 커피 로지

○ 커피 꽃

과 마찬가지로 주변에 큰 나무들이 많은데, 큰 나무들이 만드는 짙은 그늘이 커피 열매를 천천히 성숙시켜 풍미가 가득한 커피 열매를 만든다고 한다. 결실이 되어 잘 자란 녹색의 커피열매(그린체리)가 작은 나뭇가지에 주렁주렁 매달려 있다.

잔지바르의 향신료 농장과 이곳의 커피 농장을 보면서 탄자니아의 자연과 환경이 삶을 매우 풍요롭게 할 수 있을 것이라는 확신이 들었다. 우리가 흔히 아프리카하면 메마르고 거친 땅일 것이라는 생각을 먼저 떠올리는데, 의외로 기후를 비롯한 환경 조건이 좋은 곳도 꽤 많다고 한다. 아프리카 대부분의 나라가 경제적으로 성장이 더디고 낙후된 이유는 이러한 풍부한 자연 자원을 활용하여 국민들의 삶을 향상시키기 위한 국민적 의지, 정치 체계, 운영 방법 등에 문제가 있기 때문이라고 한다.

○ 음료수병을 빼앗으려고

커피 농장의 높은 울타리에 피어 있는 다양한 색깔의 부켄베리아가 녹색을 배경으로 더욱 아름답게 보였다. 농장의 주위에는 버빗(Vervet) 원숭이들이 많이 살고 있었다. 음료수 병을 보자마자 달려들어 빼앗아 달아난다. 원숭이들이 우리 일행의 눈치를 보면서 담에서 지붕으로, 나무로 정신없이 옮겨 다닌다. 새끼를 업은 어미 원숭이는 특히 경계가 심해 가까이 다가서면 재빠르게 도망친다.

농장을 둘러보고 실내의 커피숍 겸 매장으로 들어왔다. 커피숍의 한쪽에는 많은 원두가 자루에 담겨 있고, 원두를 직접 볶아서 현장에서 마실 수 있는 기계를 구비하고 있었다. 안내자는 열정적으로 커피의 볶는 단계와 다양한 커피의 종류에 대하여 설명하였다. 기념으로 원산지에서 제공하는 커피로 아루샤의 정취를 느껴 보았다.

커피 농장의 답사를 마치고 메루산(Mount Meru) 호텔로 향했다. 길가의 노점에서는 옷과 가방을 걸어 놓고 손님들을 불러 모으고 있다. 짐을 정리하고 호텔 식당에서 저녁 식사를 하였다. 오늘 저녁의 주 메뉴는 동부 아프리카 사람들의 주식인 우갈리(Ugali)다. 옥수수 가루를 반죽하여 둥근 반구형의 떡처럼 만든 것으로 무척 담백하고 생선이나 닭고기, 양고기, 쇠고기, 채소 등과 곁들여 먹는다고 한다.

○ 우갈리(떡처럼 생긴 흰색 음식)

○ 메루(Meru)산

○ 아홉째 날(1월 14일)

킬리만자로(Kilimanjaro)산 트레킹

오늘은 아프리카의 최고봉인 킬리만자로산(Kilimanjaro)을 트레킹하는 날이다. 킬리만자로는 스와힐리어로 '빛나는 언덕'이라는 뜻이라고 하며, 지구상에서 가장 거대한 눈 덮인 휴화산으로 일 년 내내 정상이 빙하와 눈으로 덮여 있다. 지금은 정상의 빙하가 많이 녹아서 과거에 비해 매우 적게 남아 있으며 몇 십 년 내로 모두 사라질 것이라고 한다. 세로 50㎞, 가로 30㎞로 동쪽과 남쪽으로 타원형으로 배치되어 있다. 서쪽부터 시라봉, 키보봉, 마웬지봉 세 봉우리가 나란히 서 있는데 이 중 중앙의 키보봉이 해발 5,895m로 가장 높으며 전체적으로 완만한 원추 화산이다. 정상을 비롯하여 등반 코스가 비교적 완만하여 많은 등반 애호가들이 즐겨 찾는 곳이다.

아침 6시에 일어나 호텔 주변을 둘러보았다. 넓은 초원에 숲을 가꾸고 그 한가운데 호텔이 자리 잡고 있다. 나무처럼 큰 선인장이 정원을 가득 채우고 뒤뜰에 정자도 있어 무척 아늑한 느낌이 들었다. 스프링클러가 설치되어 있어 잔디에 수시로 물을 주고 정원 한가운데에 아담한 수영장도 갖추고 있었다. 7시에 식사를 하고 8시에 꿈에 그리던 킬리만자로를 향해서 달려간다.

호텔 문을 나서자 산꼭대기에 흰 구름이 살짝 걸린 메루산(Mount Meru)이 눈에 들어왔다. 멀리서 보기에는 그리 높아 보이지 않는데 해발 4,565m나 되며 탄자니아에서 두 번째로 높지만, 가까운 곳에 있는 킬리만자로산의 명성에 가려 많은 서러움을 받았을 것이다. 3시간 정도를 달려야 킬리만자로 입구에 도착할 수 있다고 한다. 아침 공기가 무척 신선하고 기분이 상쾌하다. 우리나라의 초가을 날씨처럼 쾌적하다. 메루산의 기슭에 위치한 아루샤는 해발 고도가 1,350m로 연평균

○ 아루샤 지역의 농촌 모습

기온이 23℃이며 여름철에도 지대가 높아 30℃를 넘는 날이 별로 없고, 주변에는 비옥한 땅이 많아 초원과 농지가 넓으며 목축과 다른 농사를 짓기에 적합하여 사람이 살기에 아주 좋은 곳이라고 한다.

길옆으로 낮은 산과 넓은 초원, 그리고 밭이 있어서 많은 소와 염소 등을 방목하고 집들은 비교적 크고 함석지붕이 많으며 깨끗하게 잘 단장되어 있다. 길가의 숲에는 큰 나무들이 들어차 있어 더욱 풍요로운 느낌이 들고 아프리카에 대하여 잘못된 선입견을 갖고 있던 나에게 무척 살기 좋은 낙원처럼 여겨졌다. 드넓은 초원과 숲 등을 보면서 탄자니아의 무한한 가능성을 보게 되었다. 에티오피아에서 보았던 사막의 움막집과 너무나 대조가 되었다. 남위 3°에 위치한 이곳은 4계절 내내 온도가 높고 강수량도 많아서 주변에 숲과 초원이 잘 형성되어 있다.

약 50분쯤 달리다가 조그만 마을에서 차를 세웠다. 이곳에서 킬리만자로를 가장 잘 볼 수 있다고 한다. 설레는 마음으로 차에서 내려 밭으로 내려가 멀리 킬리만자로를 응시해 보았다. 기대했던 것과는 너무나 실망스럽게 희뿌연 하늘에 구름이 함께 끼어 있어서 회색 하늘과 킬리만자로를 구별하기 힘들었다. 신령스러운 산을 그리 쉽게 볼 수 있는 것이 아닌가 보다. 거인은 쉽게 그 모습을 보이지 않고 어렴풋이 신비감만 더해 주었다.

차에 올라 20분 정도 달리다가 차에 기름도 넣고 쉬어 가기 위해 잠시 차를 세웠다. 이곳에서도 킬리만자로가 희미하게 보였다. 산의 정상을 덮고 있는 만년설만 유독 하얗게 돋보여서 회색의 구름과 구별될 정도였다. 우리는 지금 아루샤에서 A23 Road를 따라 달리고 있다. 삼거리에 위치한 Njia panda ya Machame에서 잠시 차를 세우고 트레킹

○ 교회 건물　　　　　　　　　　　　　　　　○ 원주민 가옥

을 안내할 안내자 2명을 태우고 점심 도시락을 받은 후 '마차메 게이트 (Machame Gate)'를 향해 Machame road로 접어들었다.

　킬리만자로 정상으로 가는 길은 보통 7군데가 있으나 가장 많이 이용하는 곳이 마차메 게이트(Machame gate)와 마랑구 게이트(Marangu gate)이다. 길옆으로 바나나 농장이 많고 옥수수 밭도 자주 눈에 띈다. 길옆은 조금 전에 달렸던 A23 Road 주변보다 더 풍요롭고 평화로운 느낌이 들었다. 깔끔하게 차려입고 교회에서 예배를 본 사람들이 집으로 가고 있었다. 킬리만자로산 아래서 사람들은 오랫동안 행복하게 잘 살았을 것이라고 생각되었다.

　뾰족한 지붕처럼 생긴 게이트 앞쪽에는 킬리만자로 등반 시 동행할 짐꾼들이 손님들을 기다리고 있고 여러 나라의 국기를 몸에 두르고 기념품과 모자를 팔려는 사람들로 북적였다. 킬리만자로산에 발을 들여놓으려면 여권이 반드시 필요하다. 산 입구 아래에는 짐꾼들이 지고

○ 킬리만자로산 마차메 입구　　　　　　　　　○ 나무고사리

○ 킬리만자로를 향하여　　　　　　　　　○ 킬리만자로 열대 우림

갈 짐의 중량을 재는 곳이 있다. 고산지대까지 가야 하기 때문에 20㎏
으로 제한한다고 한다. 이곳에서는 산에 오를 때와 내려왔을 때 인적
사항을 기록하고 서명해야 한다. 세계적으로 유명한 국립공원이기 때
문에 철저하게 관리하는 것 같았다.

　간단하게 수속을 마치고 트레킹을 시작하였다. 이곳 입구는 해발
1,800m로 주변에 키 큰 유칼립투스 나무가 시원스럽게 뻗어 있다. 우

리 일행은 적당히 킬리만자로의 정취를 느끼는 선에서 마무리할 예정으로 출발하였다. 무거운 짐을 지고 짐꾼들이 산을 오른다. 보통 7~8일 일정으로 정상 등반을 계획한다. 만나는 사람마다 '잠보'(Jambo, '안녕' 또는 '반가워요'를 의미함)라는 인사를 서로 주고받으며 길을 재촉한다.

길옆에는 햇빛이 들어오지 못할 정도로 숲이 울창하고 물기가 흐르는 나무줄기에는 이끼들이 겹겹이 붙어 있어 원시 모습을 보여 주고 있었다. 밀림 속에는 키가 몇 미터에 이르는 나무고사리가 우뚝 서 있고 비가 내렸는지 바닥은 축축하게 젖어 있었다. 머리와 등에 무거운 짐을 진 짐꾼들이 가쁜 숨을 몰아쉬며 산길을 걷는다. 이들은 하루에 6~7시간 정도 짐을 나르고 보통 15달러 정도 받으며 한 달에 두 번 정도 산에 오른다고 한다. '무거운 짐을 지고 며칠을 가야 하는 포터들에게 킬리만자로는 과연 축복일까?'라는 의구심마저 들었다. 힘들게 짐을 지고 가면서도 웃으면서 잠보라는 인사를 건넨다.

한참 동안 걸어도 나무 위로 뚫린 좁은 하늘이 겨우 보일 정도의 원시림이 끝없이 이어진다. 이곳이 과연 킬리만자로인지 구별할 수 있는 어떤 것도 보이지 않는다. 더구나 정상인 키보(Kibo, 5,895m)는 고사하고 산의 언저리도 보이지 않는다. 그저 완만한 길을 따라 원시림 속을 걸어갈 뿐이었다. 해발 2,300m 정도 되는 나무숲에서 점심을 먹고 왔던 길로 내려왔다. 내려와서도 인적 사항을 기록하고 서명해야 킬리만자로 국립공원을 나올 수 있다. 우리가 버스에 오르자 모자를 비롯한 물건들을 하나라도 더 팔려고 안간힘을 쓴다. 역시 생존은 처절하고 치열하다는 것을 새삼 느끼게 된다. 킬리만자로의 축복을 기대하며 오늘 하루를 정리해 본다.

○ 열째 날(1월 15일)

아침 8시에 지프차 3대에 나눠 타고 응고롱고로(Ngorongoro)로 사파리(safari)를 하기 위해 출발하였다. 이곳의 사파리는 동물원처럼 원하는 동물을 그때그때 즉시 볼 수 있는 것이 아니고 동물들이 항상 이동하기 때문에 사정에 따라 달라진다고 한다. 그래서 이곳에서는 사파리라는 말 대신에 '게임 드라이브(Game drive)'라는 용어를 즐겨 사용한다고 한다. 사파리(Safari)는 스와힐리어로 '여행'이라는 뜻이라고 한다. 안내자에 따르면 코뿔소가 가장 보기 어려우며 이곳에는 기린을 비롯한 사자, 코끼리, 표범, 하이에나, 버팔로, 누, 얼룩말 등과 함께 많은 종류의 새들을 볼 수 있다고 한다. 최근에 하이에나의 개체 수가 크게 감소하여 보호종으로 지정되었으며 갈수록 보기 힘들다고 한다.

시내를 벗어나자 넓은 초원지대가 나타나고 아루샤족들의 원형 가옥과 함석지붕으로 된 집들이 보인다. 킬리만자로를 갈 때와 비슷한 풍경이 펼쳐진다. 아루샤족은 이곳 아루샤 지역에 살던 부족으로 주로 목축업을 하는 것으로 알려져 있다. 붉은색 망토를 입은 아루샤족 사람들이 몇 명씩 짝을 지어 소와 염소를 몰거나 길을 따라 걸어가고 있다. 이곳 탄자니아에는 약 140여 개 부족이 살고 있으며 부족 간, 종교 간 갈등은 그리 많지 않다고 한다. 이슬람교도와 기독교도 간의 결혼을 비롯하여 타 부족 간 결혼도 별 문제가 없다고 한다.

○ 아루샤족 마을　　　　　　　　　　　　　○ 초원에서 풀을 뜯는 소들

아프리카 부족 문제

　　21세기 세계화 시대에도 정치적으로 가장 낙후된 곳이 아프리카
인데 수천 년간 지속된 뿌리 깊은 부족 중심의 생활방식이 사회와 국
가 발전의 발목을 잡고 있다. 다른 대륙의 사람들이 일찍부터 국가라
는 커다란 통치 조직을 완성한 데 반하여 자연환경과 그들의 전통양식
때문에 아직도 아프리카에서는 부족 중심의 사고와 운영 체계에서 벗
어나지 못하고 있어 거대한 국가를 통치하는 데 있어서 여러 가지 문제
점이 노출되고 있다. 특히 천 년 이상 아랍과 유럽인들에 의해 자행된
노예무역으로 인한 아프리카 부족 간의 오랜 원한과 갈등, 아프리카의
특성을 무시한 채 유럽 국가들의 이해관계에 의해 그어진 국경선 때문
에 두 나라로 나눠진 부족 문제 등 산적한 난제들이 쌓여 있다.

　　정치지도자들조차 국가보다는 자기 출신 부족의 이익을 대변하는 부
족장으로 인식하는 경우가 많으며 부족민들 또한 이러한 기대를 갖고

○ 아루샤(Arusha)족

있기 때문에 정치지도자들이 소신껏 인사를 등용하고 정책을 펴는 것이 쉽지 않다고 한다. 현대화된 지금에도 마사이족과 같이 변화를 거부하고 과거의 생활방식을 고집하면서 국가 통합의 커다란 장애 요인이 되기도 한다. 아직도 아프리카의 많은 사람들은 정치지도자의 정책이나 국가의 이념보다 부족장의 말 한마디를 더 중요하게 여기는 실정이므로 아프리카를 이해하기 위해서는 이러한 부족이 갖는 의미를 제대로 파악해야 한다.

길옆으로 약간 솟아오른 작은 봉분이 보인다. 이곳 탄자니아에서는 우리와 비슷한 매장 풍습을 가지고 있어서 지정된 장소에 시신을 묻고 반구형의 봉분 형태로 묘를 조성한다. 안내자가 경찰, 군인, 군사 시설 등에 대하여 절대 사진을 찍지 말라고 간곡하게 당부한다. 우리는 지금 킬리만자로와 반대 방향인 서쪽 A104 Road를 달리고 있다.

아루샤를 기준으로 북동쪽에 킬리만자로가 있고 북서쪽에 응고롱고로 (Ngorongoro)가 있다.

　대부분의 아루샤족 사람들은 마사이족처럼 가축을 몰거나 보신용으로 기다란 막대기를 들고 다니는데, 초원에 사는 다른 부족들도 이렇게 긴 막대를 들고 다닌다고 한다. 오늘 무슨 행사가 있는지 소 떼를 몰고 와 많은 사람들이 모여 있다. 길가의 집들은 대부분 크고 시멘트 벽돌로 벽을 쌓고 함석으로 지붕을 덮었으며 비교적 깨끗하게 정리되어 풍요롭게 살고 있을 거라는 생각이 들었다. 마쿠유니(Makuyuni)에서 우회전하여 북쪽으로 난 B144 Road를 따라 달린다. 길가의 풍경은 조금 전과 별로 다르지 않고 푸른 초원에 소와 염소들이 풀을 뜯고 있었다.

　드디어 마사이족들이 사는 지역에 들어왔다. 길옆에서 과일과 기념품을 파는 사람들이 기다렸다는 듯이 우리들을 반겨 맞는다. 물건 하

○ 바나나와 기념품이 있어요.

나라도 더 팔려고 열린 차창으로 붉은 바나나와 기념품을 밀어 넣고 은근히 강요하듯 강한 눈빛을 던지며 재촉한다. 처음 보는 붉은색 바나나가 신기하여 몇 송이 사서 맛을 보았다. 일반적인 바나나보다 단맛이 덜하고 담백한 느낌이 들었다. 노점상들이 하도 집요하게 매달린 탓에 바나나의 맛이 가시기도 전에 빨리 이곳을 빠져나가고 싶었다.

길옆에 줄기가 옅은 노란색을 띠는 황열아카시아(Yellow fever acacia)가 보인다. 모기들이 이 나무의 줄기에 잘 들러붙어 이런 이름이 붙었다고 한다. 조금 더 달려서 마냐라(Manyara) 국립공원이 보이는 전망대에서 차를 세웠다. 마냐라 국립공원은 마냐라 호수와 그 주변의 밀림지대를 포함하며 끝이 아득한 숲의 바다에는 나무들이 빽빽하게 들어차 있고 밀림 사이로 호수의 물이 보였다.

전망대 가까운 곳에 수백 년은 족히 된 것 같은 바오밥 나무가 서 있었다. 생텍쥐페리의 『어린왕자』에서 어린왕자가 사는 별에 뿌리를 내려 구멍을 뚫기 때문에 보는 대로 뽑아야 한다고 그토록 싫어했는데 그 이유가 무척 궁금하게 여겨졌다. 전설에 따르면 신(神)이 화가 나서 거꾸로 집어던져 지금과 같은 모양이 되었다고 하는데, 줄기는 중간 부분까지 굵어지다가 위로 갈수록 줄기가 갈라져서 퍼진 모습이 마치 탄탄한 근육을 자랑하는 격투기 선수 같은 강인한 인상을 준다. 바오밥 나무는 아프리카 사람들이 신성시하는 나무로, 길게는 3천 년까지 살 수 있으며 아프리카 사바나를 상징하는 대표적인 나무 중의 하나이다.

차에 올라 10분 정도 달려 입구부터 다양한 목각 조각을 비롯한 갖가지 조각으로 장식한 붉은색 지붕의 Marera village gallery에 도착했다. 이곳 목각 상점은 아주 유명한 곳으로 소문이 나 있고, 들어가는 입구

○ 마냐라(Manyara) 국립공원　　　　　　　　　　　○ 바오밥(baobab) 나무

에 굵은 줄로 바리케이드를 치고 입장객들을 관리하고 있었다. 안으로 들어서자 아프리카의 각종 동물들을 비롯해 민속, 사람 모형 등 나무와 돌로 된 수많은 조각들이 전시되어 있었다. 아프리카에서만 느낄 수 있는 독특한 양식의 조각품들이 우리들의 눈을 사로잡는다.

　매장 안에서는 일체 사진을 촬영할 수 없을 정도로 관리가 철저하며 조각품의 예술성에 높은 가치를 부여하고 있었다. 진열도 아주 잘해서 조각품의 가치를 더욱 높여 주는 것 같았다. 특히 단단한 아프리카 흑단이라고 불리는 '에보니(Ebony)'로 된 목각들이 주류를 이루고 있었다. 수백만 원에 달하는 날씬하고 키 큰 기린 조각에서부터 사자, 가정용품 등 보는 것마다 사고 싶을 정도로 멋지고 아름다운 예술품이었다. 더구나 큰 상품은 사는 사람이 지불하는 조건으로 DHL과 같은 국제 택배로 배송해 준다고 한다.

○ 기념품 가게

○ 아프리카의 정취를 풍기는 그림들

응고롱고로(Ngorongoro)를 향해

차에 올라 응고롱고로를 향해 달린다. 지금 우리가 달리고 있는 곳은 2천 m가 넘는 고원지대로, 이곳에 초원이 발달하여 아주 오래전부터 마사이족이 목축을 하면서 평화롭게 살던 곳이라고 한다. 높지 않은 구릉지까지 녹색 초원이 발달하고 군데군데 나무가 자라난 가운데 그 옆에 예쁘게 색칠한 집들이 편안함과 풍요로움을 느끼게 한다. 한동안 이런 곳에서 살아 보는 것도 괜찮을 거라는 생각이 든다.

　길옆의 집 앞에 아프리카 풍의 원색을 많이 사용한 그림들이 전시되어 있다. 가끔씩 붉은색 바탕에 체크무늬가 새겨진 망토를 입은 마사이족들이 기다란 나무막대를 들고 소와 염소를 모는 모습이 보인다. 과거부터 마사이족은 소를 많이 길렀으며 지금도 그들 대부분의 재산은 소의 마릿수에 의해 결정될 정도로, 소는 이들에게 있어서 가장 소중한 재산이라고 한다. 푸른색 옷을 입은 마사이족 여자들은 결혼한 사람이며 붉은색은 정장이라고 한다.

　조금 후에 작은 도시인 카라투(Karatu)를 지나 응고롱고로 입구에 도착했다. 국립공원 안으로 들어가기 전에 안내실에 들어가 이곳에서 살고 있는 주요 동물들의 사진과 설명, 응고롱고로의 지형 등에 대해 개략적으로 살펴본 후 수속을 밟고 드디어 차를 타고 안으로 들어갔다. 응고롱고로와 세렝게티에서 주목을 끄는 큰 대형동물 다섯 종류(Big

ㅇ 카라투(Karatu)　　　　　　ㅇ 응고롱고로(Ngorongoro) 입구

○ 응고롱고로의 밀림

Five)는 사자, 표범, 코끼리, 코뿔소, 버팔로이며 코뿔소는 보기가 어렵다고 한다. 입구에서부터 비포장 흙길이며 길옆에는 나무들이 빽빽하게 들어차 있어서 원시 그대로의 모습을 보여 준다.

　울창한 숲에서 원숭이들이 이 나무에서 저 나무로 옮겨 다니고, 금방이라도 표범이 뛰쳐나올 것 같이 우거진 숲에 무서운 적막감이 감돈다. 응고롱고로가 내려다보이는 전망대에서 잠시 차를 세웠다. 아득하게 넓은 녹색의 분화구가 눈앞에 시원하게 펼쳐졌다. 화산 분화구가 이렇게 크다니 믿어지지 않았다. 위에서 바라보니 멀어서인지 그냥 초원일 뿐 동물의 그림자조차 보이지 않았다. 그러나 이곳은 코끼리와 사자 등 많은 종류의 동물들이 자연의 법칙에 순응하며 살아가고 있는 낙원이다.

　전망대에서 차를 돌려 숲길을 따라 세레나 로지(Serena Lodge)에 도착했다. 이곳은 해발 2,300m 고원지대이며 남위 3° 12′ 24″이다. 로지 입구의 도로는 벽돌로 바닥을 깔았으며 이 근방의 작은 돌을 모두 긁어

○ 세레나 로지(Serena Lodge)

모아 지은 것처럼 건물의 벽과 담은 모두 머리 크기에서 주먹만 한 돌들로 빼곡하게 쌓아 올렸고 지붕에도 돌을 올려놓았다. 방을 배정받고 짐을 챙겨 숙소로 향하였다. 로지는 언덕 위에 있어서 숙소로 가는 통로에서 응고롱고로의 분화구가 시원하게 내려다보였다. 건물 내부는 아프리카 특유의 양식에 돌을 최대한 활용하여 만든 무척 독특하고 예술적인 분위기가 느껴졌다.

점심 식사를 마치고 드디어 응고롱고로 답사에 나섰다. 이곳은 과거부터 마사이족이 목축을 하면서 살던 곳으로, 지금은 국립공원의 생태계를 보존하기 위해 강제로 응고롱고로 주변으로 이주시켰다고 한다. 오래전부터 자신들의 땅이라고 여기면서 살아왔던 마사이족은 이러한 정부의 정책에 대하여 불만이 아주 많다고 한다. 길 아래 언덕에 갈대와 같은 식물의 줄기로 지붕을 덮은 작고 둥그런 형태의 마사이족의 집들이 옹기종기 모여 있다. 산비탈을 덮고 있는 아카시아 나무와 그 아래 낮은 언덕에 자리 잡고 있는 마을, 그리고 넓은 녹색의 초원이 아프

○ 마사이족 마을과 아카시아

리카를 상징하는 한 폭의 그림처럼 아름답다. 차를 달려서 응고롱고로 분화구로 들어가는 입구에 도착했다. 언덕 위에 나무처럼 생긴 커다란 선인장이 우뚝 서 있다. 잠시 입구에서 아래의 넓은 분화구를 바라보다가 수속이 끝나 드디어 응고롱고로의 사파리가 시작되었다.

응고롱고로(Ngorongoro)

응고롱고로는 마사이어로 '큰 구멍'이라는 뜻을 가지며, 원래 소의 목을 조였을 때 나는 소리에서 유래하였다고 한다. 응고롱고로 보호 구역(Ngorongoro Conservation Area)은 남북 길이 16㎞, 동서 19㎞, 깊이는 610m의 휴화산으로 자연 상태로 보존된 물이 채워지지 않은 세계 최대의 분화구이다. 1979년 세계에서 최초로 자연과 문화 두 분야에 걸친 복합문화유산으로 지정되었는데 이곳에서 가까운 올두바이(Olduvai) 계곡에서 과거 2백만 년 전에 살았던 인류의 조상인 '호미니

○ 응고롱고로의 초원지대

드(Hominid)'의 화석이 발견됨으로써 문화유산으로 지정되었다. 화산은 2백만~3백만 년 전에 분출한 것으로 추측되며 분화구 바닥은 해발 1,800m, 주변을 둘러싸고 있는 산들의 높이는 약 2,300m~2,400m이며 면적은 264㎢로 백두산 천지의 30배 정도이다.

분화구의 대부분은 넓은 초원이며 호수와 습지, 하천 등이 발달하여 동물들이 살기에 아주 적합한 곳으로 2009년부터 사람의 거주와 경작을 금하고 있다. 1959년 세렝게티가 국립공원으로 지정되면서 그곳에서 쫓겨난 마사이족들이 응고롱고로 지역에서 목축을 하고 있으며 지금도 그들에게 응고롱고로에서의 방목은 허용되나 저녁때가 되면 국립공원을 나와야 된다고 한다.

응고롱고로 분화구 안에는 기린이 주로 먹는 아카시아 나무가 조금밖에 없어서 이곳에서는 기린이 살기 힘들며, 동아프리카에 사는 대부분의 동물을 쉽게 볼 수 있다고 한다. 사륜구동차만 출입이 가능하며

일부 지역을 제외하고 개방 시간은 오전 6시부터 오후 6시이다. 사파리 도중 절대로 차에서 내리면 안 되고 응고롱고로 분화구 안에서는 시속 25㎞, 보존지구의 다른 지역에서는 50㎞를 넘지 않아야 한다. 가급적 동물과는 25m 이상의 거리를 유지할 것을 권하고 있다.

언덕에 나무처럼 커다란 선인장이 띄엄띄엄 서 있고 그 아래에 작은 나무들이 언덕을 채우고 있다. 언덕 바로 아래 분화구가 시작되는 곳에 아카시아 나무가 숲을 이루고 베짜기새 집들이 줄기에 대롱대롱 매달려 있다. 분화구의 대부분은 녹색의 초원이다. 차를 타고 내려가면서 안내자가 사방을 둘러보며 동물들을 열심히 찾고 있다. 나무 그늘 아래에 늙은 버팔로가 누워 있는데, 이제 늙어서 무리에서 버림을 받은 것이라고 한다. 이곳에서도 냉엄한 생존의 법칙이 그대로 적용되는가 보다.

○ 응고롱고로 입구

○ 입구에서 바라본 응고롱고로

○ 망중한을 즐기는 사자

　앞으로 나갈수록 얼룩말, 누, 가볍게 몸을 놀리는 톰슨가젤, 하이에나, 여러 종류의 새 등 많은 동물들을 볼 수 있었다. 먹이를 찾아다니던 점박이 하이에나가 웅덩이에서 우리들을 물끄러미 쳐다본다. 하이에나는 아프리카 사바나의 대표적인 약탈자로서 무리지어 행동하며 이가 튼튼하고 사자의 새끼도 잡아먹을 정도로 포악하며 자기보다 크게 보이는 동물은 공격하지 않는다고 한다.

　무엇보다 신기한 것은 길옆에 누운 사자는 차가 지나가도 전혀 반응

○ 호로새 Helmeted Guineafowl(*Numida meleagris*) 호로새과

○ 아프리카들소(*Syncerus caffer*) 소과

○ 누(*Connochaeres taurinus*) 소과

○ 사바나얼룩말 Boehm's Zebra(*Equus burchellii*) 말과

○ 톰슨 가젤 Thomsos's Gazelle(*Gazella thomsonii*) 소과

○ 점박이하이에나(*Crocuta crocuta*) 하이에나과

○ 아브딤황새(*Ciconia abdimii*) 황새과

○ 검은꼬리물떼새 (*Blacksmith lapwing*) 물떼새과

○ 이집트기러기 Egyptian goose(*Alopochen aegyptiacus*) 오리과

○ 크라운드랩윙 Crowned Lapwing(*Vanellus coronatus*) 물떼새과

○ 아프리카큰느시 Kori bustard(*Ardeotis kori*) 느시과

○ 황금자칼 Golden Jackal(*Canis aureus*) 개과

○ 회색관두루미 Gray crownedcrane(*Balealica regulorum*) 두루미과

○ 회색왜가리(*Ardea cinerea*) 왜가리과

○ 아프리카혹멧돼지 Warthog(*Phacochoerus aficanus*) 멧돼지과

146

○ 집을 찾아가는 코끼리

○ 로지의 내부

○ 아크로바티(Acrobati) 공연단

을 하지 않고 동물의 왕답게 눈을 감고 미동도 하지 않으며 무척 의연한 모습을 보였다. 바로 1m 앞에서 멋진 표정을 카메라에 담고 싶어도 눈도 뜨지 않은 채 깊은 잠에 빠져 있는지 강자의 자만인지, 우리를 무시하는 것 같아 언짢은 기분이 들었다.

이제 서서히 응고롱고로도 저녁때로 접어들었다. 저 멀리에서 코끼리가 우리 일행 쪽으로 아주 천천히 걸어오고 있다. 워낙 멀어서 코끼리를 제대로 보기에는 시간이 너무 늦어 어려울 것 같았다. 오후 6시에 문을 닫기 때문에 서둘러 출입구까지 가야 한다. 저녁을 먹고 식당에서 6명으로 구성된 그룹 Acrobati의 공연을 보면서 응고롱고로의 정취에 빠져 본다.

○ **11일째 날(1월 16일)**

○ 마사이족 청년

○ 마사이족 마을

8시에 숙소를 나와 세렝게티를 향해서 출발하였다. 산을 넘은 황금빛 아침 햇살이 응고롱고로의 적막을 깨고 찬란한 하루가 시작됨을 알린다. 부지런한 마사이족이 소를 몰고 목초지로 이동하고 있다. 빌 클린턴 전(前) 미국 대통령을 비롯하여 스웨덴 국왕 등이 방문했다는 마사이족 마을이 눈에 들어왔다. 마사이족의 양식대로 마을 전체를 나무 울타리로 두르고 저녁에는 소들을 이곳에 가두어 둔다. 아침밥 짓는 연기가 여기저기서 피어오른다. 응고롱고로 분화구에는 아침 일찍부터 얼룩말과 누 등을 비롯한 동물들이 풀을 뜯고 있다. 아카시아 나무 사이로 기린이 고개를 들고 걸어가고 있다. 가는 길에 마사이족 마을이 군데군데 보인다. B144 Road 국립공원 비포장도로를 따라 세렝게티를 향해 달리다가 중간에서 북쪽방향으로 난 작은 길로 접어들었다. 출발한 지 약 1시간 정도 달려서 인류의 조상의 화석이 발견된 올두바이 계곡(Olduvai Gorge)에 도착했다.

○ 소를 모는 마사이족

○ 올두바이 계곡

올두바이 계곡(Olduvai Gorge)

아루샤에서 약 180㎞, 응고롱고로 분화구에서 세렝게티의 나비힐 게이트(Naabi Hill Gate)로 가는 길의 약 40㎞ 지점에 위치해 있다. 올두바이 계곡도 응고롱고로 보존 지역에 속해 있으며 응고롱고로와 함께 세계복합문화유산으로 지정되었다(응고롱고로는 세계자연유산, 올두바이는 세계문화유산).

19세기 진화론을 발표한 찰스 다윈(Charles Darwin)이 사하라 남쪽 지역(Sub Sahara)에 다양한 원숭이들이 살고 있는 것을 발견하고 인류가 아프리카에서 기원했을 것이라고 생각하였다. 1924년 남아프리카 공화국에서 오스트랄로피테쿠스 아프리카누스(*Australopithecus africanus*, 일명 타웅아이, 230만 년 전 인류 조상)가 발견되었음에도 불구하고 20세기 중반까지도 백인 우월주의에 빠져 다윈이 주장했던 아프리카 기원론은 받아들여지지 않았다.

1959년 영국의 루이스 리키(Louis Leaky)와 그의 부인 메리 리키(Mary Leaky)가 이곳 올두바이에서 진잔트로푸스 보이세이(Zinzanthropus boisei)의 두개골('OH5'라 명명)과 다른 석기 등을 발견함으로써 인류의 기원지가 아프리카일 것이라는 학설에 힘을 실어 주었으며, 1964년에 이곳에서 2백50만 년 전 ～150만 년 전(플라이스토세 초기)에 살았던 호모 하빌리스(Homo habilis)의 화석을 발견하였다. 리키 가문은 루이스 리키를 비롯하여 그의 아들 부부인 리처드 리키와 미브 리키, 손녀인 루이즈 리키까지 3대에 걸쳐 인류학의 연구에 크게 공헌하였다.

오늘날 대부분의 인류학자들은 아프리카가 인류의 탄생지라고 확신하고 있다. 따라서 이곳 올두바이 계곡에서 발견된 진잔트로푸스 보이세이는 180만 년 전 화석으로 뇌의 용량은 515㎤이고 얼굴은 넓고 둥글며, 오스트랄로피테쿠스 보이세이(Australopithecus boisei), 또는 파란트로푸스 보이세이(Paranthropus boisei)라고 부르기도 한다. '손재주가 있는 사람'이라는 뜻의 호모 하빌리스(Homo habilis)는 뇌의 용량이 약 700㎤로 큰 돌을 이용하여 쪼개서 만든 작은 석기인 역기(礫器)를 사용하는 등 최초로 도구를 사용한 인류의 조상으로 생각한다. 이들 인류의 화석은 에티오피아에서 발견된 오스트랄로피테쿠스 아파렌시스(Australopithecus afarensis, 일명 루시, 약 330만 년 전)와 함께 인류의 진화에서 매우 중요한 위치를 차지하고 있으며 이곳 올두바이는 세계에서 가장 오래된 구석기 문화유적지로 매우 중요한 곳이다.

또한 1976년 메리 리키가 올두바이에서 남쪽으로 45㎞ 떨어진 라에

톨리(Laetoli)에서 360만 년 전의 오스트랄로피테쿠스 아파렌시스 성인 남녀와 어린아이가 남긴 발자국의 화석을 발견함으로써 360만 년 전에 이미 직립보행을 했음을 알 수 있으며 이들은 에티오피아에서 발견된 '루시'와 같은 인류의 조상이라고 생각하고 있다. 인류학에서 흔히 '호미니드(Hominid)'라는 용어가 자주 등장하는데, 이는 현생인류와 모든 원시 인류를 포함하는 사람과에 속한 동물을 총칭하는 것이다.

입구에는 이곳 마사이족들이 옷을 만드는 데 이용하는 섬유성 식물인 올두바이(Olduvai)가 자라고 있으며, 이 식물의 이름을 따서 이 지역을 올두바이 계곡이라 부르게 되었다고 한다. 인류 화석이 발견된 아주 중요한 문화유적지이며 루이스 리키 박사를 기리기 위한 박물관이

○ 올두바이 주변 유적

○ 타웅아이(*A. africanus*)

○ *Paranthropus boisei*

○ 파란트로푸스 아래턱뼈

○ 호모 하빌리스(*Homo habilis*)

○ 올두바이 박물관

계곡의 위쪽에 위치해 있다.

박물관에는 인류의 진화에 대한 설명과 에티오피아에서 발견된 루시의 복제모형을 비롯하여 이곳에서 발견된 인류의 화석과 다른 동물들의 뼈, 석기, 이 부근에 살았던, Datoga 족, Hadza 족, Masai 족의 사진과 생활용품과 무기들을 전시해 놓았다. 전망대에 서면 아름다운 올두바이 언덕과 계곡이 멀리까지 시원하게 펼쳐지며 작은 나무와 풀들이 등성이와 계곡을 덮고 있다. 언덕에서 멀리 계곡을 바라보며 2백만 년 전에 인류의 조상들이 호수 주변의 이곳저곳을 돌아다니며 살던 모습들을 상상해 본다.

차에 올라 샛길을 통해 세렝게티를 향해 북쪽으로 달린다. 세렝게티는 응고롱고로보다 적도에 더 가깝게 위치해 있어서 위로 갈수록 점점 해발고도가 낮아지며 하천에는 물이 흐르고 숲이 많아지기 시작한다. 물이 많은 지역에는 나무 위가 평평한 '플랫 탑 트리(Flat top tree)'라고 부르는 아카시아 나무가 빽빽하게 자라고 있다.

이곳의 생태계는 우리가 흔히 방송에서 보았던 것처럼 아카시아 나무가 있는 초원에서 기린이 천천히 걸어가고, 사자 가족들이 나무 아래서 한숨 잠을 자고, 누와 얼룩말들이 풀을 뜯고 있으며, 물이 고인 곳에서는 하마가 흙탕물을 날리며 목욕을 하고, 독수리와 하이에나는 동물의 사체(死體)를 뜯어 먹고 여러 종류의 새들이 먹이를 찾아 날아다니는 그런 모습이다. 셀 수 없이 많은 수의 누들이 줄지어 응고롱고로 쪽으로 이동하고 있다. 응고롱고로와 세렝게티는 하나의 거대한 초원지대로서 남쪽에 응고롱고로가 있고 북쪽으로 세렝게티가 이어져 있다. 풀밭에서 하이에나가 먹잇감을 뜯는 가운데 독수리들이 둥글게 주

○ 세렝게티 입구

변을 둘러싸고 허기진 배를 채우기 위해 한순간의 틈을 노리고 있다.

드디어 세렝게티 입구에 도착했다. 세계적으로 유명한 국립공원이지만 입구는 커다란 아카시아 나무 몇 그루와 시멘트 기단에 나무 기둥 몇 개가 박공을 바치고 있는 소박한 모습이다. 입구에 도착하자 마사이족 여인들이 기념품을 들고 우리들에게 접근한다. 간단하게 수속을 밟고 드디어 세렝게티 안으로 들어갔다.

세렝게티(Serengeti)

'끝없는 초원'이라는 뜻의 세렝게티는 동아프리카지구대에 속하며 탄자니아의 북부, 북위 1~3°에 걸쳐 있으며 면적은 14,763㎢로 경상남북도를 합한 면적과 비슷하다. 케냐의 마사이마라(Masai Mara)와 연결되어 있으며 면적은 세렝게티가 3배 정도 넓다. 70여 종의 대형 포유류

○ 누 떼의 이동(1월 세렝게티에서 남쪽의 응고롱고로로 이동 중임)

와 500여 종의 조류가 서식하고 있으며 1981년 유네스코 세계자연유산에 등재되었다. 수백만 마리의 동물들이 서식하는 동물의 왕국으로서 약육강식의 자연의 법칙에 따라 대지를 울리는 심장의 박동이 수시로 변하고 처절한 생존경쟁이 끊임없이 벌어지는 삶과 죽음의 경계가 없는 그야말로 생존의 본능이 꿈틀대는 곳이다.

남쪽 지역은 끝없이 넓은 초원이 펼쳐지며 북쪽과 서쪽은 아카시아 나무가 주를 이루는 숲이 형성되어 있다. 해발 920m~1,850m로 기온은 15℃~25℃로 따뜻하고 3월~5월(비가 많이 내림), 11월~12월(비가 조금 내림)이 우기이고 6월~10월이 건기이며 이때 누(Gnu, 와일드비스트) 떼는 풀이 자라는 케냐의 마사이마라를 향해 대규모 이동을 한다. 특히 백오십 만 마리의 누 떼들이 이동하는 모습이야말로 세계 자연 7대 경관에 속할 정도로 장엄한 파노라마가 펼쳐진다고 한다. 대부분의 누들은 8월쯤에 세렝게티의 북쪽에 머물렀다가 9월과 10월에는 마사이마라로 이동하여 지내다가 세렝게티에 우기가 시작되는 11월이면 다시 세렝게티를 향해 대규모 이동을 한다.

○ 누 떼의 이동 경로

　많은 다큐멘터리에서 녹색의 초원을 찾아 목숨을 걸고 강을 건너는 누 떼들의 대이동을 소개한다. 강을 건너다 악어에게 다리를 물려 죽기 직전에 살아난 어미는 부러진 다리를 이끌고 금방이라도 숨이 끊어질 듯한 고통을 참아 가며 짧은 명줄에 잃어버린 새끼 걱정을 걸어 놓고 애절하게 새끼를 찾아 헤매다 결국 고통을 견디지 못하고 죽고 만다. 잃어버린 새끼를 찾지 못하고 죽어 가는 어미에게는 슬픔도 눈물도 그저 사치이며 제대로 돌보지 못한 새끼에 대한 애틋한 마음뿐일 거라는 생각이 들었다. 자연이 생명체에게 부여한 본능이야말로 한없이 엄숙하고 진지하다.

　세렝게티를 비롯한 아프리카의 초원은 영화 〈아웃 오브 아프리카

○ 사바나의 아카시아 나무

〈Out of Africa〉〉에 등장하는 사바나의 석양과 수많은 누 떼와 얼룩말, 코
끼리 등이 어우러져 사는 그야말로 신의 눈으로 바라본 세계처럼 아름
다운 곳이다.

　멀리 나무 아래 돌무더기에서 사자 가족들이 휴식을 취하고 있다.
한참을 달려서 휴게소에 도착했다. 아카시아 나무 숲속에 단층의 붉은
색 지붕의 집들이 몇 채 눈에 띄었다. 잠시 차에서 내려서 계단을 따라
작은 동산에 올랐다. 바위에서 멀리 세렝게티를 바라보니 하늘과 맞닿
은 산 아래까지 녹색의 초원이 아름답게 펼쳐져 있었다. 생명의 숨결
이 느껴지고 아프리카의 진정한 아름다움을 알게 되었다. 수없이 많은
누 떼가 길게 꼬리에 꼬리를 물고 생명의 풀을 찾아 응고롱고로를 향해
남쪽으로 이동하고 있었다. 응고롱고로, 세렝게티, 마사이마라는 서
로 이어져 있으며, 지역에 따라 건기와 우기가 달라서 녹색의 초원이

나타나는 시기가 서로 다르다.

　머리에서 배까지 붉은색을 띠는 붉은색머리도마뱀이 여유로운 모습으로 일광욕을 즐기고 있다. 눈앞에 보이는 산에는 플랫탑 아카시아 나무가 밀집되어 있다. 차에 올라 주변을 살피면서 세렝게티 안으로 깊숙이 들어간다. 도로 옆에 누워 있는 사자는 사람들이 지나가도 전혀 반응을 하지 않고 낮잠을 즐기고 있다. 초원의 군데군데 보이는 화강암 동산은 영화 〈라이언 킹〉의 주인공 '심바'가 뛰놀던 곳이라고 한다. 심바는 스와힐리어로 '사자'라는 뜻이라고 한다. 녹색의 초원에 〈라이언 킹〉의 주제가인 하쿠나 마타타(Hakuna matata, 모든 것이 잘 될 거야)의 메아리가 들려오는 것 같다.

　넓은 초원 한가운데의 바위 동산과 바위틈에서 자라는 나무들이 어우러져 녹색의 평원과 좋은 대조가 되었다. 계속하여 달려도 눈이 따라갈 수 없는 초원이 녹색의 향연을 펼치면서 아득하게 지평선까지 이어진다. 광활(廣闊)이라는 말이 어울릴 정도로 '넓은 평원'이라는 뜻을 가진 세렝게티의 의미를 실감할 수 있었다. 이 넓은 초원에서 소를 기

○ 세렝게티의 심장부

∘ 러펠흰목대머리수리 Ruppell's Griffon Vulture(*Gypi rueppelli*) 수리과

∘ 붉은색머리도마뱀(*Agama agama*) 아가마과

∘ 사슴영양 Hertebeest(*Alcelaphus buselaphus*) 소과

∘ 임팔라 Impala(*Aepyceros melampus*) 소과

∘ Rattling Cisticola(*Cisticola chiniana*) 개개비사촌과

∘ 초원수리 Steppe Eagle(*Aquila nipalensis*) 수리과

160

○ 라일락파랑새 Lilac—breasted Roller(*Coracias caudata*) 파랑새과

르며 여유롭게 살던 마사이족들의 삶은 무척 행복했을 것이란 생각이
들었다. 조금 더 달리자 세렝게티의 심장부가 눈에 들어온다. 우리가
흔히 다큐멘터리에서 봤던 무한히 넓은 녹색의 초원과 그리고 가끔씩
키 큰 아카시아 나무가 서 있는 바로 그 모습이다. 풀 한 포기 베어 내
지 않은 자연 그대로의 순수한 모습! 이것이 진정한 아프리카의 진면목
인 것이다.

비가 많이 왔는지 조금 전에 왔던 길과는 달리 무척 질퍽거렸다. 숙
소를 향해 가는 길은 중간에 움푹 파여 물이 고인 곳도 있고 도로 사정
이 좋지 않다. 지금 우리가 지나는 이 지역은 온도와 습도가 높아서 나
무가 무성하고 풀들도 무릎을 덮을 정도로 길게 자라서 아프리카 수면
병의 원인이 되는 트리파노소마(trypanosoma, 편모충강에 속하는 원생동물)의
숙주인 체체파리(Tsetse fly)가 아주 많다고 한다. 특히 탄자니아는 체체
파리가 많기로 유명한데, 차가 지나가면 수없이 많은 체체파리가 차창
에 들러붙고 심지어는 차 문의 틈새로 여러 마리가 들어와 파리를 잡느

○ 세레나 호텔　　　　　　　　　　　　　　　　　　　○ 작은얼굴베짜기새 집

라 주변의 경치를 볼 겨를이 없었다. 물리면 수면병에 걸린다고 하니 무척 두렵기까지 하였다.

　에어컨도 작동되지 않는데 창문도 못 열고 무서운 체체파리는 윙윙거리며 잡아먹을 기세로 계속하여 몰려 들어오고 차 안은 일대 공포 속에서 격전을 치러야 하는 아수라장이 되었다. 우리나라의 파리는 가끔 귀찮게 굴기는 해도 이렇게 심하지는 않았었는데. 1903년 체체파리의 몸속에 있는 원생동물이 수면병을 일으킨다는 것이 밝혀진 이후에도 특히 우간다에서는 많은 사람들이 목숨을 잃었으며 한동안 공포에 떨어야 했다. 수건이든 모자든 닥치는 대로 집어 들고 파리잡이에 나섰지만 워낙 민첩해서 쉽게 잡히지 않았다. 몸이 스펀지처럼 생겼는지 맞아도 쉽게 죽지 않고 금세 살아서 도망친다. 체체파리와 30분 넘게 전투를 치르는 동안 어느덧 세렝게티 숙소인 Serena Hotel에 도착했다.

　이곳의 해발고도는 1,480m이고 남위 2° 2′이다. 아프리카 전통 가옥처럼 둥근 형태의 여러 개의 침실을 갖춘 아담한 2층 집들이 숲속에 자

◦ 청찌르레기(*Lamprotornis chalybaeus*)

◦ 딕딕 Dik-dik(*Madoqua kirkii*)

◦ 황새(*Ciconia ciconia*)

◦ 토피 영양(*Damaliscus lunatus*)

◦ 반붉은부리코뿔새(*Tockus deckeni*)

◦ 소심조(*Dinemellia dinamelli*)

리 잡고 있었다. 아프리카에서만 느낄 수 있는 정겹고 아늑한 분위기를 자아낸다. 통로 옆에 노란 배털을 가진 작은얼굴베짜기새들의 풀집들이 조롱박처럼 나무에 매달려 바람의 선율에 맞춰 흔들거리고 있었다. 새들이 노래를 하며 열심히 새로 집을 짓거나 보수하고 있었다. 숙소의 관리실을 비롯한 식당과 매점 등에 배치된 아프리카 특유의 문양이 새겨진 나뭇조각이 무척 인상적이고 정감이 들었다. 점심 식사 후 세렝게티 사파리를 시작하였다.

말로만 듣던 세렝게티를 직접 보면서 사파리를 즐긴다는 생각에 마음이 설렌다. 조금 전에 왔던 길로 나가야 하는데, 체체파리와 또 힘겨운 싸움을 벌일 생각을 하니 갑자기 마음이 무거워진다. 숙소를 조금 벗어나자 숲속에 코끼리 가족이 나타났다. 딕딕(Dik-dik)을 비롯하여 여러 종류의 새들과 버팔로, 응고롱고로에서 보지 못했던 임팔라(Impala) 등 많은 동물들이 나타났다. 임팔라는 수컷 한 마리가 여러 마리의 암컷을 거느린다고 한다. 대부분 차에서 멀리 달아나고 경계를 많이 하는 것 같았다. 세렝게티에서도 사자들은 여유가 있는 듯 누워서 한가롭게 시간을 보내고 있었다.

차를 타고 부지런히 세렝게티의 구석구석을 돌아보았다. 안내자는 무전기로 어느 곳에 동물들이 있는지 수시로 정보를 주고받는다. 황새들이 커다란 아카시아 나무에 모여 앉아 오후의 한때를 보내고 있다. 나무 위에 표범이 있다는 연락을 받고 부지런히 달려갔다. 사자 못지않게 늘씬하고 키 큰 기린들의 모습 역시 세렝게티에서 빼놓을 수 없다. 기린은 탄자니아의 상징적 동물로 여길 정도로 이곳 사람들이 신성시하고 아끼는 동물이라고 한다. 흰색 바탕에 갈색 무늬의 기린은

녹색 초원과 잘 대비되며 선명하게 눈에 들어온다. 긴 목을 높이 들고 초원을 걸어가는 모습에서 세렝게티의 신사다운 우아함이 느껴진다.

기린은 긴 목을 통하여 머리까지 혈액을 보내야 하기 때문에 몸의 크기에 비해 심장이 크고 최고 혈압이 160~250㎜Hg로 매우 높은 편이라 절대로 화를 내서는 안 되고, 물을 먹기 위해 머리를 숙일 때 앞다리를 양쪽으로 벌려 최대한 몸을 낮춰 서서히 머리를 숙여야 한다. 물을 마실 때에는 사자와 같은 포식자로부터 쉽게 공격을 받을 수 있기 때문에 여러 마리가 교대로 마시고 한 번에 많은 양의 물을 마신다고 한다.

코끼리 가족이 우리들 차 앞쪽으로 다가온다. 그중에는 코가 잘린 코끼리도 끼어 있는데, 물을 먹다가 악어에게 습격을 받아 코가 잘렸다고 한다. 코끼리 한 마리가 성큼성큼 우리 차 앞으로 다가선다. 갑자기 차 안에 공포 분위기가 느껴진다. 긴장한 안내자가 우리들에게 조용히 할 것을 당부한다. 코끼리는 놀라면 순간적으로 흥분하여 돌발행

○ 코끼리 가족들　　　　　　　○ 한숨 자고 여유를 부리는 표범

동을 일으킨다고 한다. 숨죽이고 코끼리가 무사히 지나가기만을 기다
리며 코끼리를 응시하였다. 코끼리는 우리들을 별로 의식하지 않고 길
을 건넜다.

　먼저 도착한 일행들이 멀리 있는 나무 한 그루에 초점을 고정시키고
주의 깊게 관찰하고 있었다. 표범이 나무에 올라앉아 자고 있다는 것
이었다. 오늘 사파리에서 꼭 봐야 하는 마지막 과제였는데 무척 행운
이 따르는 것 같았다. 150m 이상 떨어져 있어서 육안으로는 아주 작
게 보였다. 망원렌즈로 당겨서 보니 갈색의 꽃과 같은 무늬를 가진 표
범(Leopard)이 나무에 네 다리를 걸치고 꼬리를 늘어뜨린 채 나무줄기를
베개 삼아 자고 있었다. 우리 모두 나무에서 내려와 조금 더 우리 쪽으
로 다가오기만을 고대하고 기다렸다. 안내자는 조금만 기다리면 내려
올 것이라고 확신하였다. 저녁 햇살이 세렝게티의 초원에 긴 그림자를
드리운다. 세렝게티의 황혼도 즐기고 표범도 가까이서 볼 겸 30분 이
상을 기다렸지만 표범은 끝내 우리들의 소원을 외면했다. 그나마 잠시

○ Marabou Stork(*Leptoptilos crumeniferus*)

○ 소시지 나무(*Kigelia pinnata*)

○ 사바나의 전형적인 모습

○ 저녁 무렵의 세렝게티

잠에서 깨어 눈을 돌린 것이 우리들에게 베푼 최대의 호의였다.

차를 돌려 숙소로 향했다. 붉은 노을이 하늘을 덮고 군데군데 서 있는 아카시아 나무가 실루엣으로 변하고 거대한 세렝게티도 이제 서서히 적막 속으로 빠져든다. 세렝게티의 넓은 녹색 초원이 무한한 평안을 주었던 하루였다. 이곳은 야생동물들이 이곳까지 자주 나타나기 때문에 저녁에 이동할 때에는 반드시 안전요원과 함께해야 한다.

○ 12일째 날(1월 17일)

세렝게티 사파리와 아루샤를 향해

아침 일찍 일어나 준비하고 7시 30분 경비행장을 향해 출발했다. 작고 귀여운 딕딕(Dik-dik)이 누굴 찾아왔는지 숙소 주변을 어른거린다. 코끼리를 비롯한 임팔라, 기린 등의 동물들이 일찍부터 하루를 시작하고 있었다. Orangi 강과 Seronera 강이 합류하는 지점에 만들어진 커다란 하마웅덩이(Hippo Pool, 또는 Retina Pool)에 들렀다. 이곳은 두 강이 합류하면서 수량도 많고 지형이 움푹 패어 소(沼)와 같은 커다란 웅덩이가 형성된 것이다.

붉은 황톳빛 강물에서 수십 마리의 하마들이 물놀이를 즐기고 있었다. 하마들이 물을 뿜어내며 소리를 지르고 있고 다른 녀석은 녹색 똥을 강물에 거침없이 쏟아내고 있다. 최근 연구에 따르면, 호수나 강의

○ 임팔라 암컷

○ 하마 웅덩이에서 놀고 있는 하마들

168

수량이 줄어들면서 그동안 수중생태계에서 천연비료가 되었던 하마의 똥이 한계 이상으로 쌓이면서 수중 생태계가 심하게 오염되어 물이 썩고 물고기가 죽는 등 심각한 상황에 이르렀다고 한다.

강가 한쪽에는 악어 몇 마리가 죽은 하마를 뜯어 먹고 있었다. 살점이 다 떨어져 나간 갈비뼈가 허공에 드러나고 악어들이 앞쪽의 남은 머리 부분을 뜯어 먹고 있었다. 악어는 보통 64~66개의 이빨을 갖고 있으며 이빨의 구조가 꽉 무는 데는 적합하나 씹지는 잘 못하기 때문에 먹이를 그대로 삼켜 버린다. 그 거대한 하마가 악어의 밥이 되다니! 실로 살벌한 생존 경쟁의 현장을 보니 섬뜩한 기분이 들었다. 다른 하마들은 그런 사실들을 아는지 모르는지 그저 신나게 물놀이에 열중하고 있었다.

차에 올라 공항 가는 길에 몸에 띠가 있는 몽구스(Moongoose) 가족을 만났다. 차 소리에 놀랐는지 잠시 몸을 일으켜 세우고 경계 태세를 취하다가 가족들이 무리를 지어 다른 곳으로 멀리 달아난다. 몽구스는 특히 코브라를 잡는 동물로 유명한데, 이곳 세렝게티에도 코브라가 살고 있다고 한다. 코브라를 공격할 때에는 바짝 접근하여 머리를 물고 절대로 놓지 않기 때문에 코브라가 몽구스를 칭칭 감아도 결국 머리를 물려서 힘을 잃고 먼저 죽게 된다고 한다. 몽구스는 무엇이든 물면 절대로 놓지 않는 습성이 있어서 작지만 아주 무서운 동물이라고 한다.

임팔라 수컷이 열 마리도 넘는 암컷과 나무 그늘 아래서 한가로이 휴식을 취하고 있다. 사방을 둘러봐도 넓은 초원에 많은 동물들이 살고 있어 어디를 둘러보든 쉽게 동물들을 관찰할 수 있다.

○ 독수리

○ 붉은목자고새

○ 줄무늬몽구스(Mungos mungo)

　어느덧 차는 공항 주변에 가까이 도착했다. 공항 주변에 세렝게티를
국립공원으로 만드는 데 크게 기여했던 인도 사람의 별장이 보인다.
별장 바로 옆에 있는 세로네라 공항(Seronera Airstrip)에 도착했다. 그동안
우리를 태우고 사파리를 안내했던 사람들과 아쉬운 작별을 하고 안으
로 들어가 간단하게 수속을 마치고 비행기를 타러 이동하였다.

○ 세로네라 공항(Seronera Airstrip)

　이곳 경비행장은 작지만 세렝게티에서 가까운 아루샤 공항에서부터 멀리는 이곳에서 691㎞ 떨어진 탄자니아의 대표적인 도시 다르에스살람, 643㎞ 떨어진 잔지바르 등 여러 곳까지 이동할 수 있다고 한다. 활주로는 초원의 풀을 깎아 내고 만든 간이 비행장으로, 비행기가 이착륙할 때 흙먼지가 바람에 심하게 날린다. 여자 조종사가 우리들에게 인사를 건네며 비행기에 탑승하라고 알려 준다. 우리 일행이 타자 비행기가 만석이 되었다.

　10시 30분에 탑승을 완료하자 곧이어 프로펠러가 돌아가며 이륙하여 아루샤까지의 230㎞ 비행을 시작하였다. 아래를 보니 우리가 차를 타고 다녔던 세렝게티의 초원과 〈라이언 킹〉의 배경이 되었던 바위산과 나무들, 녹색의 초원에 하얗게 구불구불 선을 그은 것 같은 길들이 선명한 추억으로 되살아난다. 세렝게티를 지나자 나무가 많지 않은 산들이 나타나고 아루샤에 가까워지자 아트막한 구릉지에 둥근 마사이족

○ 비행기에서 내려다본 세렝게티

○ 아루샤 근교

○ 아보카도(Avocado)

들의 집들이 눈에 들어온다. 비탈진 곳에 하얀 함석지붕을 한 집들과 군데군데 초록의 밭들이 평화로운 시골 마을을 이루고 있다.

오전 11시 30분에 아루샤 공항에 도착했다. 지난번 잔지바르에서 도착한 이후 두 번째로 아루샤 공항을 밟는다. 아루샤는 탄자니아의 북부에 위치한 인구 약 42만 명(2012년 기준)의 도시로서 외교뿐만 아니라 주변에 유명한 관광지가 많아서 많은 외국인들이 들르는 중심 도시이다. 공항을 나와 우리는 다시 말자(Malza) 레스토랑 앞에서 버스를 기다렸다. 예정보다 일찍 도착하여 아직 버스가 오지 않았다.

30분 정도 기다린 후에 버스가 도착했다. 버스를 타고 첫날 들렀던 커피 로지에서 점심을 먹기로 하였다. 시원한 나무그늘에서 점심을 먹는데 여러 마리의 원숭이들이 갑자기 나타나 식탁의 바구니에 들어 있던 빵을 집어 들고 재빠르게 나무 위로 도망을 친다. 이곳에 오래 살면서 학습된 것처럼 별로 힘 안 들이고 먹이를 낚아챈다. 관리인을 불러서 쫓아 보지만 원숭이들은 사람들을 전혀 의식하지 않고 눈을 이리저리 바쁘게 굴리면서 기회를 노리고 있었다.

국경 도시 나망가(Namanga)

점심 식사 후 짐을 모두 챙겨서 드디어 세 번째 나라 케냐를 향해 출발했다. 우리는 아루샤에서 북쪽으로 난 A104 Road를 따라 탄자니아와 케냐 국경 지대인 나망가(Namanga)를 향해 달리고 있다. 지도에서 보는 바와 같이 가깝게는 오른쪽 방향에 메루산(Mount Meru), 오른쪽 더 먼 곳에는 킬리만자로가 있고 왼쪽에는 이틀 동안 우리들 마음을 두근거리게 했던 응고롱고로와 세렝게티가 있다. 아루샤에서 국경 도시 나

○ 나망가 가는 길의 농촌   ○ 길옆의 식생

망가까지는 약 90㎞ 정도다.

　길옆의 풍경은 멀리 산들이 많아진 것만 다를 뿐 킬리만자로를 갈 때
와 마찬가지로 초원과 나무숲, 함석지붕과 아프리카 원주민들의 둥근
형태의 집들이 연속하여 나타난다. 낮은 언덕에도 녹색의 초원이 있
고 소와 염소를 키우는 마사이족과 그들이 사는 마을이 눈을 스치고 지
나간다. 마사이족은 대부분 수십 마리 또는 그 이상의 소 떼를 몰고 다
닌다. 초원 한가운데 언덕에 마사이족의 축제가 있는지 많은 사람들이
모여 있고 또 다른 사람들이 언덕을 향해 걸어가고 있다. 평화롭고 풍
요로운 느낌이 들었다.

　도로는 얼마 전에 공사를 끝낸 것처럼 산뜻하게 포장이 되어 있고 요
철도 별로 없어 무척 편안하게 달릴 수 있었다. 이곳 탄자니아를 답사
하면서 아프리카에 오기 전에 아니 얼마 전 에티오피아에서 가졌던 아
프리카에 대한 부정적인 선입견이 잘못된 것임을 새삼 깨달았다. 산
에는 나무가 많지 않고 작은 관목들이 듬성듬성 자라고 평지에서는 나

무 위가 평평한 플랫탑 아카시아 나무가 주류를 이루고 있다. 약 1시간 40분 정도 달려서 국경 도시인 나망가(Namanga)에 도착했다.

케냐 입국

많은 외국 관광객들이 이곳을 통과하기 때문인지 양국의 출입국 사무소 직원들이 무척 친절하고 수속도 비교적 빠르게 처리해 주었다. 국경 도시답지 않게 무척 평온하고 편안한 느낌이 들었다. 짐을 차에 싣고 출발 준비를 하는 동안 우리를 기다렸다는 듯이 케냐의 마사이족 여인들이 기념품을 한 몸에 가득 걸치고 하나라도 더 팔려고 집요하게 매달린다. 결혼한 마사이족 여인들은 대부분 귓바퀴를 파내고 그 아래에 장신구를 달았다.

우리는 암보셀리(Amboseli) 국립공원을 향하여 출발하였다. 케냐의 수

○ 케냐의 국경마을 나망가(Namanga)

○ 암보셀리 메샤나니(Meshanani) 입구

○ 암보셀리 비포장도로(C103 Road)

도 나이로비로 통하는 A104 Road로 달리다가 몇 분 후 암보셀리 국립
공원으로 가는 비포장도로인 C103 Road로 접어들었다. 이 길은 국립
공원에 속하는 길이라 포장을 하지 않았다고 한다. 비포장도로라 차가

달릴 때마다 앞차가 보이지 않을 정도로 흙먼지가 뿌옇게 날린다. 입구의 낮은 동산에는 아카시아 나무가 빽빽하게 숲을 이루고 있고 길옆에 작은 마을들이 형성되어 있다.

공원 안으로 점점 들어갈수록 드문드문 인가가 보이고 가끔씩 소와 염소들이 풀을 뜯는 모습이 보였다. 멀리 앞쪽으로 넓은 암보셀리 호수와 평원이 펼쳐졌다. 왼쪽으로 코트라(Kotra, 대한무역투자진흥공사)에서 운영하는 농장과 조금 떨어진 곳에 현대식으로 지은 사마리아 교회에서 운영하는 사마리아 미션스쿨이 눈에 들어왔다. 나망가 국경에서 약 1시간 정도 달려서 드디어 암보셀리 국립공원의 Meshanani Gate에 도착했다.

차가 입구에 멈추자 마사이족 여인들이 기념품을 들고 우리들의 차를 둘러싼다. 분위기가 별로 좋지 않아서 차창을 닫았다. 팔려는 사람의 집요한 강요와 사지 않으려는 사람의 무관심 사이에 팽팽한 줄다리기가 계속되었다. 사진을 찍으려면 1달러를 내라고 하면서 사진은 일체 찍지 못하게 곁에 서 있는 마사이족 남자들이 은근히 위협을 한다. 창밖의 분위기도 별로 좋지 않은데 수속은 왜 이리 더딘지, 공항이나 국경 출입국 때보다도 더 엄격해서 시간이 꽤 걸렸다. 무슨 문제가 있는 것이 아니고 정식 수속을 밟으려면 이렇게 시간이 오래 걸린다고 한다. 탄자니아의 응고롱고로나 세렝게티에서는 아주 짧은 시간에 수속이 끝났던 것에 비하면 너무 시간이 많이 걸렸다. 물론 이곳에도 무장한 사람들이 경비를 서고 있었다.

국립공원 출입문을 지나 안으로 들어서자 길옆으로 아카시아 나무가 숲을 이루고 멀리 남쪽으로 암보셀리 호수가 눈에 들어왔다. 조금 더 앞으로 달리자 넓은 초원이 나타났다가 얼마 더 가자 습지가 나타나고 그 안에서 하마가 쉬고 있었다. 이제 해가 서서히 하루를 마무리하려고 한다. 오래전에 폐업한 낡은 호텔 건물들이 석양의 황혼 빛에 더욱 쓸쓸하게 보였다. 우리는 킬리만자로가 보이는 곳에서 잠시 차를 세웠다.

땅거미가 지는 초원에는 얼룩말들이 풀을 뜯고 킬리만자로라는 거인은 하얀 왕관을 쓰고 위엄 있게 우리 앞에 우뚝 솟아 있다. 해 질 녘이 다 되어 정상의 눈이 희미하게 보였다. 구름도 산을 넘기에 지쳤는지 산 정상에 그대로 걸터앉았다. 조금만 일찍 왔더라면 아프리카 최고봉의 모습을 더 뚜렷하게 볼 수 있었을 텐데. 기대를 하고 수만리 먼 길을 왔는데, 많은 아쉬움이 남았다. 저 거대한 품 안에 오늘은 얼마나 숱한 사연과 전설들을 담았을까?

○ 암보셀리에서 바라본 킬리만자로 산

7시가 거의 다 되어 커다란 나무숲에 아늑하게 자리 잡은 암보셀리 세레나 호텔에 도착했다. 이곳은 남위 2°40′, 해발 1,120m이다. 킬리만자로를 중심에 놓고 탄자니아의 킬리만자로 등반 입구인 마차메(Machane)는 남쪽에, 암보셀리는 북쪽에 위치해 있다.

Part

03

케냐

○ 13일째 날(1월 18일)

○ 케냐 지도

케냐(Kenya)

면적은 약 58만 ㎢로 인구는 약 5,100만 명(2018년 기준)으로 언어는 영어와 스와힐리어를 사용한다. 아프리카의 동부에 속하며 북쪽으로는 에티오피아와 수단, 동쪽으로는 소말리아와 서쪽으로는 우간다, 남쪽으로는 탄자니아와 국경을 이룬다. 인도양에 면한 지역은 지대가 낮으며 내륙으로 갈수록 해발고도가 높아져 고원을 이루는 지형적 특성 때문에 야생동물들이 서식하기 좋은 자연환경을 갖추고 있으며 코끼리, 사자, 기린, 얼룩말, 누 등을 비롯한 야생동물들이 세계적인 자연보호구역에서 살고 있다. 산업은 주로 농업에 의존하는데, 커피농사와 꽃 산업이 발달하였고 원주민들은 오래전부터 넓은 초원을 활용한 목축업에 의존해 왔다. 자연 환경을 활용한 관광산업도 크게 활기를 띠고 있다.

영국은 19세기 말까지 잔지바르를 중심으로 하는 식민통치에서 20세기 초 점차 내륙으로 관심을 돌리기 시작하였으며 특히 우간다, 케냐, 탕가니카(후에 탄자니아) 3국을 통합하여 내륙에 식민통치를 시작하였다. 1895년 케냐 지역을 영국 동아프리카 보호령으로 선포하였으며 몸바사의 항구에서 빅토리아 호수를 거쳐 우간다와 연결하는 교통망을 구축하기 위해 케냐의 지리적 중요성이 부각되었다. 또한 고원지대의 매력적인 기후로 백인 농업정착민들이 점차 증가하기 시작하였다.

백인들이 꾸준하게 유입되고 케냐의 나이로비가 3국에 대한 식민통치의 중심으로 발전하면서 백인 정부는 케냐에서도 남아프리카처럼 흑백차별정책을 펼치려 하였으나 인도인들의 강력한 반대에 부딪쳐 뜻을 이루지 못하였다. 당시 영국 정부는 철도 부설을 위해 식민지 인도에서 대규모로 노동자를 들여왔다. 우간다는 과거부터 왕국체제로 운영이 되었지만 케냐는 종족 지도자에 의해 통치되었기 때문에 백인 정부는 케냐를 식민통치하는 데 많은 어려움을 겪게 되었다. 식민 초기부터 특히 토지 문제를 놓고 백인 정부와 끊임없이 투쟁을 벌인 결과 백인 정착민 위주의 정책이 크게 위축되었으며 원주민들과 인도인들에 대한 불이익이 줄어들었다.

1920년대부터 키쿠유족을 중심으로 여러 단체들이 조직되어 전 국민에게 홍보하고 저항의식을 심어 주는 등 백인 정부에 압력을 가하였다. 1925년 키쿠유 중앙 연합이 만들어지고 1929년 조모 케냐타(Jomo Kenyatta)는 키쿠유어 신문을 발간하여 키쿠유족을 일깨웠으며 이후 이들을 중심으로 소요가 자주 발생하자 백인 정부는 1930년 '원주민 토지 보호 법령'을 통과시켜 원주민들의 성난 민심을 달래고자 하였다. 1939년 키쿠유 중앙 연합은 토지 문제에 관한 자신들의 의견을 대변하기 위해 조모 케냐타를 영국으로 파견하였다. 1939년 키쿠유 중앙연합과 노동조합은 몸바사에서 파업을 유도하였으며 2차 세계대전이 일어나자 정치 활동을 전면 금지시켰다. 2차 세계대전 이후 정치 활동을 금지한 데 대한 불만과 전쟁에서 돌아온 흑인들의 독립에 대한 열망이 싹트기 시작하였다.

1946년 조모 케냐타가 영국에서 돌아와 케냐 아프리카연합(KAU)의 당수가 된 후 1948년 케냐 토지 및 자유수호단(KLFA)이 결성되었고 이들은 후에 케냐 독립운동의 주축이 된 마우마우(Mau Mau)단으로 발전하게 되었다. 이후 마우마우단은 케냐산과 에버데어(Aberdare)를 중심으로 무장 투쟁을 벌였으나, 백인 정부가 비상사태를 선포하고 강경하게 이들을 진압한 결과 조모 케냐타가 구금되고 마우마우단의 지도자들과 많은 독립운동가들이 체포되면서 1956년 마우마우단의 투쟁도 막을 내리게 되었다. 백인 정부가 1960년까지 비상사태를 유지한 가운데 흑인 지도자들은 백인 정부와 타협을 거부하고 투쟁을 계속하였다. 1961년 조모 케냐타가 석방된 후 아프리카 민족연합(KANU)의 의장이 되고 1963년 선거에서 절대 다수의 의석을 차지하여 그해 6월 1일 수상으로 취임하였으며 1963년 12월 12일에 완전한 독립을 이루게 되었다.

○ 암보셀리 주변 지도

암보셀리 사파리

아침 식사를 마치고 암보셀리 사파리를 시작했다. 암보셀리 (Amboseli)는 케냐의 수도 나이로비(Nairobi)에서 남동쪽으로 약 240㎞ 정도 떨어져 있고, 리프트 밸리주(州)의 카지아도(Kajiado) 지역에 있는 국립공원으로 원래의 명칭은 '마사이 암보셀리 수렵금지구역(Maasai Amboseli Game Reserve)'이었으며 케냐와 탄자니아의 국경지대에 위치해 있다. 면적은 약 392㎢이고 연간 강수량은 350㎜로 적은 편이지만 킬리만자로의 눈 녹은 물이 암보셀리를 적셔 주고 있다. 현재 이곳 국립 공원 안에 관광객을 위한 마사이족 마을이 남아 있어 마사이족의 생활 모습을 살펴볼 수 있다.

이 지역의 독특한 생태계를 보전하기 위해 1974년 국립공원으로 지정하였고, 1991년 유네스코에서 지정하는 생물권 보전 지역으로 선정되었다. 늪지대에는 물새, 펠리컨, 물총새, 뜸부기 등 약 400여 종의 조류가 서식하고 초원에는 아프리카코끼리, 버팔로, 임팔라, 사자, 하이에나 등 다양한 야생 동물들이 살고 있다. 킬리만자로의 절경을 한눈에 볼 수 있는 이곳은 아프리카에서 코끼리의 생활 모습을 가장 가까운 곳에서 관찰할 수 있으며, 날씨가 좋은 날 킬리만자로를 배경으로 동물들을 넣어 아주 멋진 사진 작품을 남길 수 있다.

어니스트 헤밍웨이(Ernest Hemingway)는 1934년~1935년 아프리카 여행 중 킬리만자로를 종주했다고 전해지며, 이곳 암보셀리에 머물면서 사냥을 즐겼다고 한다. 당시 이곳의 상황과 킬리만자로에서 얻은 영감을 바탕으로 1936년 자신의 정신세계를 담은 소설『킬리만자로의 눈』을 발표했다.

이곳은 세렝게티에 비해 초원이나 숲의 발달이 다소 미약하지만 킬리만자로를 가장 잘 볼 수 있고 물이 많아서 또 다른 모습을 보여 준다. 아침 일찍부터 개코원숭이(비비원숭이)들이 숙소 주변의 초원에서 무리 지어 활동하고 있다. 오늘 더 멋진 모습을 볼 수 있을 거라고 기대했던 킬리만자로는 구름에 뒤섞여 희미한 자태만 보일 뿐이다.

얼룩말들이 아침 일찍부터 초원에서 몇 마리씩 무리 지어 열심히 풀을 뜯어 먹으며 하루를 시작하고 있다. 어떤 것은 몸이 가려운지 땅바닥에 뒹굴면서 몸을 뒤척이는데 목욕하는 것이라고 한다. 세렝게티에서도 별로 보지 못했던 야자수 근처에서 버팔로들이 유유히 풀을 뜯고 있다.

○ 목욕하는 얼룩말

○ 회색관두루미(우간다 국조)

　길을 따라 조금 이동하니 코끼리들이 보인다. 이곳 암보셀리는 아프리카에서 코끼리를 가까이에서 볼 수 있는 최적의 장소라고 한다. 회색관두루미(우간다 국조)를 비롯한 여러 종류의 새들과 가젤, 임팔라, 얼룩말 등이 서로 한데 어울려 평화롭게 초원에서 생활하고 있다. 응고롱고로와 세렝게티에서 보았던 동물들과 별 차이가 없었다. 다만 동물의 종에 따른 개체 수가 다를 뿐이었다. 전망대 아래 호수에는 오리와 펠리컨, 백로 등이 먹이를 찾아 분주하게 움직이고 있다. 점박이하이에나는 물속에 머리를 박고 먹이를 뜯어 먹고 있다.

　이곳 암보셀리는 커다란 호수와 물이 많아서 물가에 새들이 많이 모여든다고 한다. 길옆의 죽은 아카시아 나무에 수십 마리의 황로가 모여서 아침 햇살을 쬐고 있다. 숙소에서 출발한 지 1시간 정도 지나서 작은 동산인 전망대(Observation Hill)에 도착했다.

　이곳 암보셀리는 지구 생성 초기의 암석과 함께 킬리만자로 화산 폭발 때 용암류에서 생긴 현무암 등이 섞여 있으며, 용암류가 과거에 흘

○ 물떼새(Plover)

○ 황로(*Bubulcus ibis*)

○ 사바나개코원숭이(*Papio cynocephalus*)

렀던 Pangani River를 차단하여 현재의 호수가 생겼다. 화산 활동의 영향으로 토양은 척박하여 생태계가 빈약하고 작은 가루가 많아 돌풍이 불면 먼지바람이 강하게 불며 오랜 세월 침식작용으로 작아진 화산언덕이 평탄한 지형에 점점이 박혀 있다.

계단을 따라 전망대 정상으로 올라갔다. 전망대 바로 아래 넓은 호수에 물이 차 있고 호수 주변은 녹색의 초원이다. 이곳에서 킬리만자로를 가장 잘 볼 수 있다고 했는데 오늘따라 흰 구름에 뒤덮여 어디가 하늘이고 어디가 산인지 구별할 수 없었다. 우리가 떠나는 날까지 거인은 우리에게 모습을 보여 주지 않았다. 언제 다시 여기에 올 수 있겠는가. 눈에 제대로 담지도 못하고 그냥 떠나야 하는 아쉬움에 발걸음을 떼기가 힘들다. 차에 올라 다음 일정인 마사이족 마을을 향해 출발했다.

◦ 전망대에서 바라본 암보셀리호와 킬리만자로

○ 보호르리드벅(Bohor Reedbuck)　　　　○ 골리앗헤론(Ardea goliath)　　　○ 안장부리황새

길옆의 저수지에서 왜가리가 큰 물고기를 잡아 이리저리 뒤척이면서 먹을 궁리를 한다. 한 번에 삼키기에는 물고기가 너무 크다. 물고기를 몇 번이나 물었다 놓았다 뒤집으며 먹기 좋게 재단하고 있다. 한참을 달려 숙소에서 멀지 않은 킬리만자로가 바로 보이는 곳에 위치한 마사이족 마을에 도착했다.

마사이족(Masai tribe)

반투족에 속하며 케냐의 중앙고원, 탄자니아의 중앙 평원과 빅토리아 호수 주변까지 흩어져 살고 있다. 평소 칼과 창으로 무장하고 다니며 동아프리카에서 가장 용맹한 부족으로 알려져 있어, 노예 사냥꾼들도 마사이족이 사는 곳까지는 들어오지 못했다고 한다. 농사는 짓지 않고 주로 세렝게티와 응고롱고로 지역에서 소를 중심으로 염소와 양 등을 목축하는 유목 생활을 하였다. 고기는 잘 먹지 않고 주로 우유와 소의 생피를 먹으며 일부다처제(一夫多妻制)로 능력 있는 남자는 여러

190

여자를 거느리고 산다. 생활 방식이 사자와 매우 유사하며 자기들 부족이 사자의 후손이라고 여길 만큼 사자를 신성시한다.

소는 먹기보다 자신의 부를 과시하는 수단으로 주로 사용되고 사후 세계를 보장받기 위함이라고 한다. 주로 여자들이 집을 짓고 남자들은 다른 부족과 전투를 하거나 소를 비롯한 짐승들을 관리한다. 진흙으로 둥글게 집을 짓고 집 주위에 가시나무를 꺾어다가 울타리를 만든다. 일정한 나이가 되면 성년식을 치러 마사이족의 전사(戰士)인 '모란(Moran)'이 된다. 동년배끼리 연대의식이 매우 강하며, 상급 연장자가 부족의 중요한 사항을 결정할 수 있는 권한을 갖는다. 아프리카의 많은 부족 중에서 전통을 고수하고 있는 대표적 부족이며, 세렝게티를 비롯한 국립공원에서 강제 이주당한 것에 대한 불만이 매우 크다고 한다.

이곳은 암보셀리를 찾은 관광객들이 대부분 들러 가는 마사이족 민속촌이다. 한쪽에는 슬레이트 지붕으로 된 초등학교가 있고 아이들이 운동장에서 신나게 뛰어놀고 있다. 우리가 도착하기 바쁘게 주변에 있던 파리들이 떼로 몰려들어 달갑지 않은 환영식을 해 준다. 파리를 쫓느라 정신이 없는데 잠시 후에 마사이족 사람들이 우리를 맞이하러 나왔다. 듣던 대로 모두가 키가 크고 날씬한 몸매를 자랑한다.

남자들은 검은 체크무늬가 새겨진 붉은색, 푸른색의 망토를 두르고 기다란 나무지팡이를 들고, 여자들은 치마 위에 망토를 둘렀다. 일렬로 정렬한 후에 노래를 부르면서 공중으로 수직으로 뛰어오르는 아두무(Adumu)라는 전통춤을 추면서 한껏 흥을 돋우고, 검은색 지팡이를 쥔 족장 격인 사람이 우리 일행들을 가운데로 불러 모은다. 마사이족 사람들도 우리 일행을 빙 둘러싸고 행운을 빌어 주는 의식을 거행한다.

○ 마사이족 청년들

○ 마사이족 가옥

○ 마사이족(멀리 킬리만자로가 구름에 덮여 있음)

의식이 끝난 후 우리들은 나무로 된 울타리 안으로 들어갔다. 파리떼와 소똥 냄새로 견디기가 어려워 빨리 이곳을 빠져나가고 싶은 생각뿐이었다. 한 청년이 인류의 조상들처럼 나무판의 구멍에 나무막대를 끼우고 마찰열이 생기도록 얼굴에 핏발이 설 만큼 힘을 주어 나무를 돌리니 신기하게 건초에 불이 붙는다. 정장으로 멋지게 장식한 청년과 기념촬영도 하고 집도 둘러보았다.

안내자를 따라 허리를 구부리고 집 안으로 들어갔다. 집 안은 칠흑같이 어두웠으나 생각보다 쾌적하고 시원하였으며 무엇보다 소똥 냄새가 나지 않았다. 비상용으로 준비한 손전등으로 구석구석 살펴보았다. 안에는 부모님 방, 부인이 아이들과 함께 쓰는 방, 그리고 주방이 갖추어져 있고 송아지와 같은 어린 가축을 집 안에서 재운다고 한다. 소똥으로 지은 마사이족의 전통 가옥을 '보마(Boma)'라고 하는데 부인들은 남편과 살 집을 손수 지으며 남자들은 긴 막대를 들고 소를 몰고 초원으로 갔다가 해가 저물면 집으로 돌아온다.

집에서 나와 담장 너머에 있는 여자들이 운영하는 노점 쇼핑센터로 갔다. 길바닥에 헝겊을 깔고 기념품을 진열해 놓은 간이 매장이다. 자기 집 물건을 하나라도 더 팔려고 남자들이 바짝 다가와 흥정하며 자기집 가게로 데리고 간다. 기념품을 몇 개 산 후 학교로 향했다. 몸이 불편한 아이들 몇 명이 나무그늘 아래서 흙장난을 하면서 시간을 보내고 있었다. 이곳 학교는 초등학교 과정인 듯 아이들이 무척 어리다.

우리가 도착하자 맑고 큰 눈을 가진 아이들이 선생님의 지도에 따라 일어서서 우리를 환영하며 노래를 불러 준다. 관광객들이 자주 들러서인지 아이들은 경계심을 드러내지 않고 웃으면서 천진스럽게 대해 준

○ 마사이족 학교

○ 마사이족 어린이들

다. 학교 발전을 위해 학용품이나 금품을 기부받고 있었다. 이 어린이들이 배움에 정진하여 지금보다 더 행복하게 살 수 있기를 기원하면서 마사이족 마을을 떠났다.

몇 년 전 우리나라에서 마사이 운동화가 크게 인기를 끌면서 비싼 값에 팔린 적이 있었다. 마사이족이 곧은 자세로 걸으며 날씬한 체형에 매력을 느껴서 착안했는지는 몰라도 실제로 마사이족은 원래 맨발로 생활하였으며 요즘에도 그런 운동화를 전혀 신지 않는다. 아프리카에 오기 전까지 마사이족은 비슷한 운동화를 신고 있는 줄 알았고, 마사이족을 만날 때마다 그들의 신발을 유심히 살펴보았다. 그러나 어느 한 사람도 운동화를 신고 있지 않았고, 대신 자동차 타이어를 잘라서 만든 슬리퍼를 신고 있었다. 어떤 사람이 친구가 아프리카의 마사

○ 암보셀리와 킬리만자로

○ 폐업한 호텔   ○ 초원을 누비는 기린

이족을 방문한다는 얘기를 듣고 친구에게 마사이족 마을에서 오리지널 마사이 운동화를 사다 달라고 부탁했는데, 친구는 타이어를 잘라 만든 슬리퍼를 사 가야 하는지 무척 고민했다는 우스갯소리도 있었다.

나이로비를 향해

점심 식사 후, 짐을 챙겨서 어제 왔던 비포장도로를 따라 케냐의 수도 나이로비를 향해서 출발했다. 아쉬움에 뒤돌아봐도 킬리만자로는 아직도 흰 구름에 첩첩이 둘러싸여 있다. 기린 한 마리가 도로에서 서성이고 있다. 이렇게 가까운 거리에서 보니 정말 목이 길었다. 암보셀리 국립공원 게이트를 지나 나망가에서 나이로비로 통하는 A104 Road로 접어들어 가까운 곳에 있는 Paradise Gallery에 들러서 그동안 부족했던 쇼핑을 즐겼다.

○ 흰개미집   ○ 아카시아 나무

○ 꽃 재배용 하우스

지금 우리는 나이로비를 향해 북쪽 방향으로 달려간다. 길옆으로 아카시아 나무가 주를 이루는 숲이 이어지고 소를 몰고 가는 사람들이 자주 눈에 띄었다. 이런 점에서 케냐도 자연환경이 괜찮은 편이라고 생각되었다. 나이로비에 가까워질수록 숲이 적어지고 작은 위성도시들이 자리 잡고 있었다. 꽃을 재배하는 대규모 하우스 단지와 깨끗한 단독주택이 밀집된 작은 신도시를 지나 시멘트 공장이 있는 나이로비 입구에 다다랐다.

　나이로비에 가까워지자 갑자기 차들이 밀리기 시작한다. 그 유명한 나이로비의 교통지옥을 실감하는 순간이다. 마침 퇴근 시간이라 차가 더 심하게 밀리는 것 같다. 나이로비는 과거 영국의 식민지에서 독립한 이후 도로 확장을 하지 않은 채 인구가 급증하여 세계적으로 교통문

○ 어디로 가는 거야?

제가 심각한 몇 손가락 안에 드는 도시 중의 하나이다.

　아쉬운 대로 도로 옆에 틈이 있으면 새로 길을 내고 기우뚱거리며 아슬아슬하게 차를 몰고 지나간다. 교통지옥에서 자동차들의 치열한 생존경쟁을 생생하게 경험하고 있다. 반대편 도로에서는 케냐의 대표적인 항구인 인도양에 면한 몸바사(Mombasa)로 가는 트럭들이 줄을 지어 달리고 있다. 먼지가 날려서 차문을 열지도 못하고 차는 가는지 서는지 구별이 안 될 정도로 답답하기만 하다.

　도로 아래 빈민가에 형성된 시장은 그야말로 참혹한 빈곤에서 벗어나지 못한 사람들의 비애(悲哀)와 고통을 뼈저리게 느끼게 한다. 이곳에서는 절대로 사진을 찍지 말라고 안내자가 특별히 당부한다. 사소한 문제로 일이 복잡해질 수 있으니 특별히 조심하라는 외교부 경고 문자도 받은 터라 감히 카메라를 들이댈 용기도, 가난한 사람들의 모습을 자랑스럽게 담고 싶은 마음도 들지 않았다. 오늘 저녁 공연 시간에 맞추려고 만방으로 노력하지만 차들이 꽉 막힌 상태에서 별 뾰족한 방법이 없었다.

　정말로 어렵게 교통지옥을 빠져나와 나이로비에서 유명한 사파리 파크 호텔(Safari Park Hotel)에 도착했다. 입구에 들어서자 우리를 기다렸다는 듯이 북을 두드리며 열정적으로 환영의 노래를 불러 주었다. 안으로 들어서자 중앙에 커다란 코끼리 박제가 버티고 있고 나무로 천장을 높게 만들고 식물의 줄기를 늘어뜨려 아프리카에 와 있음을 느끼게 한다. 주변을 둘러보니 부지가 무척 넓고 나무가 많으며 사이사이에 작은 호수를 만들어 조경에 신경을 무척 많이 쓴 것을 알 수 있었다. 얼마 전까지 한국인 소유였다가 외국인에게 소유권이 넘어갔다고 한다.

○ 우리들을 반갑게 맞아주고

○ 사파리 파크 호텔 로비

방 배정을 끝내고 식당으로 향했다. 오늘 메뉴는 케냐의 특별식 야마 초마(Yama Choma)로 여러 종류의 고기 바비큐로 오늘 메뉴는 소, 돼지, 닭, 칠면조, 낙타, 소시지 등이다. 식당 한쪽에는 고기를 굽는 주방이 있고 방패 모양의 안내판에 오늘 메뉴가 적혀 있다. 앞쪽은 모두 손님들이 식사를 하는 테이블이다. 맞은편에서 우리나라 사람들을 위해서 젊은 여가수가 한국 가요를 우리나라 가수 뺨칠 정도로 비슷하게 잘 부르고 있었다. 이곳은 우리나라 관광객들이 많이 들르는 곳이라고 한다.

식사가 진행되는 동안 나이로비에서 유명한 사파리 캣츠 쇼(Safari Cats'show)가 시작되었다. 잘 훈련된 수십 명의 젊은 남녀들이 실수 하

○ 메뉴판

○ 주방

나 없이 어려운 묘기를 펼치면서 때로는 손님들을 긴장시키며 매우 즐
겁게 해 주었다. 아프리카 전통 양식의 옷을 입고 그들의 역사와 사냥,
전투, 농사 등 다양한 주제로 공연을 펼쳤으며 특히 근육질의 남자들
이 펼치는 공중제비 묘기는 오늘 공연의 백미였다. 감탄이 절로 나올
정도의 신기(神技)에 가까운 묘기를 펼치는 모습에 그저 얼이 빠질 정도
였다. 공연이 모두 끝나고 손님들과 함께 기념사진도 촬영할 수 있도
록 배려해 주었다. 무척 바쁘고 역동적인 하루였다.

○ 사파리 캣츠 쇼

○ 사파리 캣츠 쇼

○ **14일째 날(1월 19일)**

적도선이 지나는 난유키

새소리에 아침 일찍 잠에서 깼다. 큰 도시에 이러한 자연환경을 갖춘 멋진 호텔이 있다니! 사방에 큰 나무들이 숲을 이루고 객실도 잘 가꾸어진 나무들로 둘러싸여 있다. 아침 식사 후 적도선이 지나는 난유키(Nanyuki)를 향해 출발했다. 난유키는 나이로비에서 북서 방향으로 약 216㎞ 떨어져 있다.

케냐의 주요 도로인 A2 고속도로에 접어들자 아침부터 차가 밀리기 시작한다. 케냐에서는 관광객을 실은 차는 시속 80㎞를 넘지 못하도록 제한한다고 한다. 왕복 8차선의 꽤 넓은 도로이다. 갑자기 앞에 가던 차들이 속도를 내지 못하고 서행하더니 조금 지나자 대부분 정차하였다. 앞에서 사고가 난 모양이다. 오늘 저녁에 비행기로 짐바브웨로 가야 하기 때문에 조금이라도 늦으면 오늘 일정에 큰 차질이 생길 수 있다.

이곳에 오래 살았다는 교민 안내자가 들려주는 이곳 교통 상황에 대한 재미있는 얘기를 듣는 동안, 서 있던 차들이 약속이나 한 듯이 모두 갑자기 방향을 바꿔 역주행을 시도했다. 경찰이 와서 해결할 때까지 시간이 너무 걸리기 때문에 운전자가 스스로 알아서 대처하는 것이 낫다고 한다. 우리 차도 방향을 돌리고 뒤따라오던 차들도 신기하게 일사분란하게 방향을 돌려 오던 방향과 반대로 주행을 시작한다. 실로 믿기지 않는 일이 이 넓은 8차선의 고속도로에서 일어나고 있었다.

5분쯤 달리다 다른 길을 찾으려고 중앙분리대 쪽을 보니 다시 차들

○ 나이로비 외곽의 모습

○ 케냐의 시골 풍경

○ 도로가의 노점상

이 정상 방향으로 운행하는 것이 아닌가. 순간 너무나 혼란스러웠다. 우리도 다시 차를 돌려 가던 방향으로 차를 달렸다. 이것이 케냐식 도로 운행법이란다. 나이로비 외곽은 우리가 상상했던 동물의 왕국과는 또 다른 이중성의 빈곤이 숨김없이 노출되어 있다. 공사를 마무리하지 못한 것 같은 미완성과 세월의 흐름에 따른 낡음과 허름함이 여행자의 마음을 무겁게 한다. 가끔씩 보이는 공장들이 케냐 산업화의 현주소를 말해 준다.

도시 외곽을 벗어나자 작은 언덕에 쭉쭉 뻗은 유칼립투스 나무들이 빽빽하게 자라는 가운데 낮은 언덕의 숲속에 집들이 있고 그 사이에 바나나와 옥수수 등을 심은 밭이 보였다. 전형적인 아프리카의 시골 풍경이다. 나이로비의 음울함과 회색빛 칙칙함에서 벗어나 시골 풍경을 보면서 비로소 케냐의 참모습을 느낄 수 있었다. 진짜 속사정은 어떤지 모르겠지만 겉보기에는 시골 사람들의 삶이 그리 고달파 보이지 않을 정도로 자연과 조화를 이루고 있었다.

도로 옆 작은 마을에는 어김없이 채소와 과일 등을 자루에 담아 놓고 오가는 손님들을 기다리는 노점상들이 많다. 한참을 달리다 차에 기름도 넣고 잠시 휴식을 취할 겸 카라티나(Karatina)에 정차하였다. 이곳 주유소에서도 총 멘 군인들이 경계를 서고 있었다. 차에 올라 길을 재촉한다. 조금 달리니 왼쪽 방향 도로 주변에 케냐에서 두 번째로 유명한 케냐타(Kenyatta) 대학이 자리 잡고 있는데, 민족주의자이자 케냐의 초대 대통령이었던 조모 케냐탸(Jomo Kenyatta) 대통령의 이름을 딴 것이라고 한다.

○ 카라티나(Karatina)

○ 선인장

    달리면서 보이는 풍경은 약간씩은 다르지만 적당히 우거진 숲과 집들, 붉은색 토양의 밭, 작은 바나나 농장, 대규모 파인애플 농장 등이 있고 적당한 해발고도로 기온 변화도 적어 살기에 무척 쾌적하다고 한다. 비교적 평화롭고 풍요로운 느낌이 들고 사람이 살 만한 곳이라는 생각이 들었다. 넓은 목초지에서는 소와 염소들을 방목하고 사이사이에 경작지도 눈에 띈다.

    난유키(Nanyuki) 부근에 다다르자 단정하게 교복을 입은 여학생들이 스쿨버스에 오르고 바로 앞쪽에 비행장도 보인다. 이곳은 영국 식민지 기간인 1907년 영국 사람들이 정착해서 세운 도시로 공군기지가 있으며, 현재도 그들의 후손을 포함하여 외국인들이 많이 살고 있다고 한다. 서양인들은 비교적 지대가 높아 서늘하고 기후가 좋은 지역에 집을 짓고 정착하였으며 난유키도 그런 도시 중의 하나이다. 이곳과 가까운 곳에 아프리카에서 두 번째로 높은 케냐산(Mount Kenya)이 있어서 케냐산 등반의 전초기지로도 잘 알려져 있다.

ㅇ 드넓은 평원

ㅇ 영국인들의 주거단지

　멀리 별장처럼 멋진 집들이 보이는데 백인들의 주택이라고 한다. 창 밖으로 땅을 팔려는 광고가 자주 눈에 띈다. 케냐에서는 보통 1에이커 (약 4,047㎡) 단위로 거래한다고 한다. 케냐에도 개발의 붐이 일어서 과거보다 땅값이 많이 올랐다고 한다. 케냐 사람들은 죽으면 고향에 봉분(封墳)이 없는 평장을 하며 죽은 자에 대하여 곧 잊는다고 한다.

　길가의 집들과 가게는 대부분 초라하고 허름하다. 널빤지로 벽을 두르고 벌겋게 녹슨 함석지붕의 창고 건물을 지나자 바로 적도선의 표지판이 자랑스럽게 서 있다. 안내자를 따라 적도선으로 다가갔다. 남미의 에콰도르에 이어 두 번째 적도선에 서 있으니 감회가 새롭다. 에콰도르는 나라 이름도 적도를 뜻하는 에콰도르로 지을 정도로 무척 신성시하고 긍지로 여기며 적도 관광을 국가의 상징으로 여겨 적도 관련 시설도 많고 적극적으로 홍보하는데, 이곳 케냐의 적도는 그곳에 비하면

어딘가 소홀히 대하는 느낌이 들었다.

현지 해설사가 우리들을 모아 놓고 구멍 뚫린 플라스틱 대야에 물을 담고 높이 들어 올려 대야에 뚫린 구멍에서 떨어지는 물줄기를 보여 준 후, 다시 대야를 받침대 위에 올려놓고 작은 나무막대를 띄워 적도와 적도선에서 조금 이동하면서 남반구, 북반구에서 나무막대가 어떻게 움직이는지를 보여 주며 물리적 현상을 열심히 설명해 주었다. 지구가 자전하면서 생기는 가상적인 힘을 전향력(轉向力, 코리올리의 힘)이라고 하는데 북반구에서는 배수구의 물이 시계 방향으로 회전하면서 빠지고, 적도선에서는 물이 별로 회전하지 않고 빠지기 때문에 나무막대도 둥둥 떠서 움직일 뿐이었다. 남반구 쪽으로 옮겨서 실험을 하면 물이 시계 반대 방향으로 회전하면서 배수구로 빠지기 때문에 나무막대도 시계 반대 방향으로 회전한다.

실제로 지구에 작용하는 전향력은 크지 않아서 대야와 같은 작은 용기에서는 이론적으로 물의 회전을 일으키기는 어렵다고 하는데, 해설사가 적당히 관광객들을 속이는지는 몰라도 위치에 따라 물의 움직임이 다르게 나타났다. 대부분의 경우 수조에서 물이 빠지면서 만들어지는 회전 방향은 전향력보다 물에 가하는 힘이나 수조의 특성 등에 더 많은 영향을 받는다고 한다. 전향력은 거대한 공기 덩어리나 해류(海流)에서 가시적인 회전을 관찰할 수 있다고 한다.

적도선에서 전향력에 대한 시연이 모두 끝나자 난유키 적도 방문을 기념하여 방문 일자를 기록한 증서를 6달러에 제공하고 있었다. 오전 일정을 모두 마치고 준비해 온 김치와 김밥을 맛있게 먹었다. 우리 일행을 보려고 온 현지 청년들과 김밥을 함께 나눠 먹으면서 맛을 물었더

○ 물 빠짐 실험

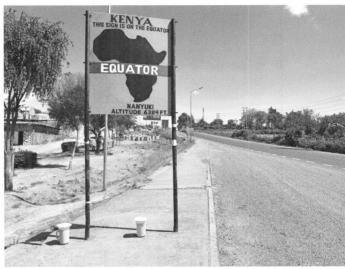

○ 난유키(Nanyuki) 적도 표지판

니 아주 맛있다고 치켜세운다.

찾아오는 관광객이 많지 않은지 이곳에는 쇼핑센터도 한적한 느낌이 들었다. 오늘따라 적도의 하늘은 푸르고 군데군데 흰 구름도 있어서 적도의 정취를 느끼기에 더없이 좋은 날씨이다. 차에 올라 나이로비를 향해 출발했다. 15분 정도 달리다가 케냐산이 보이는 길가에 차를 세웠다. 산의 정상이 종처럼 솟아 있고 양쪽으로 길게 능선이 형성되어 있으며 능선을 따라 흰 구름이 길게 이어져 있다.

○ 케냐산(5,199m)

케냐산(Mount Kenya)

케냐의 중부, 수도인 나이로비에서 북쪽으로 180㎞에 위치해 있으며 해발 5,199m로 아프리카에서 킬리만자로산 다음으로 높은 산이다. 주봉(主峯)은 바티안(Batian)봉이며 10여 개의 빙하와 만년설로 덮여 있다. 약 3백만 년 전 화산 활동으로 생겼으며 현재는 사화산이다. 케냐 독립 투쟁의 선봉에 섰던 마우마우단이 근거지로 삼았던 장소이며 케냐의 이름도 이 산에서 유래하였다고 한다. 1949년 국립공원으로 지정되었으며 1997년 유네스코 세계자연유산으로 등재되었다. 주변에 키쿠유족, 엠부족, 메루족 등이 살고 있으며 바나나, 콩, 고구마, 옥수수, 커피, 홍차, 목화 등을 재배한다.

오후가 되면서 녹색의 주변 배경이 더욱 아름답게 보인다. 요즘 망고가 익을 때인지 길옆의 망고 나무에는 망고들이 주렁주렁 매달려 있고 길가의 노점에는 망고를 비롯한 과일들을 수북하게 진열해 놓고 손님들을 기다리고 있다. 가끔씩 검은 숯을 담은 자루를 길가에 쌓아 놓고 파는 사람들도 눈에 띈다. 도시에서도 숯을 사용하기 때문에 시골에서 숯을 구워 이렇게 도로에서 판매하는 것이라고 한다.

안내자의 얘기를 들으면서 주변의 스쳐 가는 마을과 산들을 보면서 여행을 즐기고 있는데 갑자기 커다란 흰색의 유조차가 중앙선을 침범하여 우리가 타고 있는 차 앞으로 돌진하는 것이 잠깐 앞 유리에 보였다. 너무나 짧은 순간이라 비명을 지를 시간도, 놀랄 시간도 없었다. 정말 1초도 안 되는 찰나에 우리 일행들의 생사가 걸린 절체절명의 순간, 우리의 구세주 찰스가 왼쪽으로 방향을 틀어(케냐는 영국식이라 오른쪽에 운전석이 있고 차선도 우리나라와 반대임) 도로 옆의 인도를 지나 작은 도랑을 넘어 작은 동산의 나무가 없는 곳으로 간신히 피해 큰 사고를 모면할 수 있었다.

○ 도로변의 숯 판매대

215

○ 아빠! 학교 다녀왔어요.

　우리 차를 뒤따르던 차는 충돌은 피했지만 너무나 급박했던지 도랑
에 그대로 나뒹굴었다. 양쪽 차선에서 운전하던 사람들 모두 무척 놀
란 표정이었다. 우리의 긴박했던 상황을 목격했던 마을 사람들이 건너
편 길에서 놀란 가슴을 쓸어내리며 우리 일행의 무사함을 다행으로 여
기면서 진심으로 위로해 주었다. 너무나 위험하고 긴박했던 순간이었
다. 일행들 서로 위로하며 마음의 안정을 취하고 생명의 은인인 찰스
에게 감사를 표하며 나이로비까지 남은 길을 향해 차를 달렸다.

　안내자가 잠시 화제를 돌려 케냐의 부족과 정치에 대해 말해 주었
다. 케냐에는 약 43개의 부족이 있으며 이 중에서 루오(Luo)족과 키쿠
유(Kokuyu)족이 주류 사회를 이끌고 있는데 두 부족 간의 특성이 다르고
부족 간의 경쟁이 심해서 정치적으로도 무척 복잡하고 불안정한 편이
라고 한다.

○ 나이로비 외곽 도시의 시장

케냐의 정치와 부족 문제

루오(Luo)족　닐로트족에서 갈라져 나왔으며 케냐 인구의 약 13%를 차지한다. 주로 케냐의 서북부에 살고 있으며 수렵과 농경 생활을 한다. 대체로 순박하고 이방인에게도 호의적이며 주로 지적인 분야에 뛰어나 교수나 의사 등 전문직 종사자의 비율이 높은 편이다. 버락 오바마 전 미국 대통령의 아버지도 루오족 출신이라고 한다.

키쿠유(Kikuyu)족　반투족의 한 갈래로 케냐 인구의 약 20%를 차지하는 가장 큰 부족이며 주로 나이로비(Nairobi), 무랑가(Muranga) 등에서 산다. 실리에 밝아 정치·경제 분야에서 활동하는 사람들이 많은 편이라고 한다. 마우마우단을 조직하여 무장투쟁을 벌여 케냐 독립에 크게 공헌했다.

2018년 현재 케냐의 대통령은 키쿠유족 출신인 우후루 케냐타(Uhuru Kenyatta)이며 케냐의 초대 대통령인 조모 케냐타(Jomo Kenyatta)의 아들이다. 2017년 8월 케냐 대통령 선거에서 여당인 '주빌리(Jubilee)'의 대표로 키쿠유족 출신인 우후루 케냐타와 야당인 '국민수퍼연합(NASA)'을 이끄는 루오족 출신인 라일라 오딩가(Raila Odinga)가 맞붙어 흑색선전과 날선 비방과 인신공격, 정부 관리의 의문의 죽음 등 한 치 앞도 예상할 수 없는 혼란이 지속되었다.

선거 결과 여당 후보인 우후루 케냐타가 9% 차이로 승리를 거두었으나 야당이 부정선거라고 강력하게 반발하면서 결국 대법원에서 재선거를 결정하여 10월에 재선거를 실시하였다. 그러나 야당 후보인 라일라 오딩가는 부정선거의 여지가 남아 있는 상황에서 재선거에 나서는 것은 의미가 없다며 재선거에 불참하여 여당 후보인 우후루 케냐타가 99%의 압도적인 지지로 당선되었다. 10월 재선거 이후 케냐의 일부 지역에서는 폭력, 방화, 약탈이 일어나 큰 혼란에 빠졌으며 야당 후보였던 라일라 오딩가가 배후에서 조종했을 것으로 추측하였다.

2018년 1월 말 라일라 오딩가는 느닷없이 언론에 자신이 '케냐의 국민대통령'이라고 선언하면서 케냐 정부를 당황하게 만들었다. 그러던 그가 3월 9일 전격적으로 우후루 케냐타 대통령을 만나 여당과 손을 잡고 적극 협조할 것을 약속함으로써 그를 따르던 야당과 국민들로부터 거센 비난을 받았으며 그의 지지자들을 당황하게 만들었다. 앞으로 그가 어떤 행보를 보일지 아무도 예측할 수 없으며, 2007년 12월에 치러진 대통령 선거에서도 부정선거라고 주장하며 선거 결과에 불복하고 폭동을 일으켜 8백여 명의 사상자가 발생하여 코피 아난 전 유엔사무총장과 당시 유엔사무총장이었던 반기문 총장이 중재에 나서기도 하였다.

○ 나이로비 국립대학교

　드디어 나이로비의 시내에 접어들었다. 시내 중심가를 지나는데 나이로비 국립대학이 보였다. 조금 더 언덕으로 올라가 전망대로 발길을 옮겼다. 우후루 공원과 정부청사, 케냐 국회의사당, 통신국탑, 케냐타 국제 컨퍼런스 센터 등이 한눈에 들어온다. 오른쪽으로 중국 건설회사가 짓고 있는 건물도 눈에 띄었다. 케냐에서 가장 현대적이고 깨끗하며 나이로비의 심장부라 할 수 있는 곳이다. 전망대 뒤쪽에는 정부청사 등이 있어서 절대로 사진을 찍지 말라고 당부한다. 이곳에서 정부기관을 사진 촬영을 하다 적발되면 아주 곤란한 지경에 처할 수 있다고 한다. 사진 촬영이 금지된 곳을 찍다가 경찰에게 적발될 경우 운이 나쁘면 경찰서까지 끌려가서 거액의 벌금을 내고 겨우 풀려나는 경우도 있다고 한다.

○ 나이로비의 심장부(우후루 공원, 국회의사당, 통신국탑 등)

　나이로비 주요 건물들을 둘러본 후 차를 타고 고급주택가를 지나 한국 교포가 경영하는 일식집 동경(東京, Tokyo)으로 향했다. 전에는 일본 사람들이 일식당을 운영하였으나 대부분 문을 닫고 이제는 한국 사람들이 인수하여 운영하는데, 단골손님이 많아서 장사가 잘된다고 했다. 요리사는 우리들 앞에 있는 철판에서 능숙한 솜씨로 생선튀김과 김치 볶음밥을 만들어 주었다. 맛있게 이른 저녁을 먹고 나이로비 공항을 향해 출발했다.

　예상했던 대로 차가 많이 막힌다. 오늘 저녁에 비행기를 타고 짐바브웨로 가야 하기 때문에 비행기 시간에 늦지 않으려고 안내자가 무척 신경을 쓰는 눈치다. 신호등 체계가 제대로 작동하지 않고 교통경찰이 상황을 고려하여 수신호로 교통의 흐름을 조정하고 있었다. 지나가는 사람들의 머리 모양이나 입고 있는 옷에서 그들의 패션 감각이 무척 뛰어남을 알 수 있었다. 비교적 원색을 좋아하고 머리는 별도의 가발을 많이 부착하고 다니며 귀걸이를 많이 하고 있었다.

공항 근처에 도착하자 버스에서 내려서 여권을 검사하고 짐은 버스와 함께 공항 입구로 이동하였다. 공항 입구에서 검사가 끝나고 다시 차를 타고 공항 안으로 들어가 수속을 밟았다. 저녁 비행기로 나이로비를 떠났다. Good Bye, Kenya!

3시간 정도를 비행하여 새벽 1시가 다 되어서 짐바브웨의 수도인 하라레(Harare) 국제공항에 도착했다. 공항을 빠져나오자 한 무리의 짐바브웨 여인들이 율동과 함께 신나게 노래를 부르고 있었다. 짐은 작은 차에 싣고 우리는 미니버스를 타고 숙소로 향하였다.

Part

04

짐바브웨

○ 15일째 날(1월 20일)

○ 짐바브웨(Zimbabwe) 지도

짐바브웨(Zimbabwe)

면적은 약 39만 ㎢로 인구는 약 1,700만 명(2018년 통계)이며 수도는 하라레(Harare)이)고 원주민은 영화 〈부시맨〉으로 알려진 산(San)족이다. 중세(11세기~15세기) 시대 풍부한 금광을 기반으로 쇼나 왕조가 강력한 세력을 떨쳤으며 지금도 쇼나 유적(Great Zimbabwe)이 남아 있는데, 이는 아프리카에 발달된 문명이 존재했음을 증명하는 귀중한 유적이다. 동쪽은 모잠비크, 북쪽은 잠비아, 남쪽은 남아프리카공화국, 서쪽은 보츠와나 등으로 둘러싸인 남아프리카의 내륙국이다. 19세기 말에 영국 지배하의 자치령이 되었으며, 1965년 백인 정권이 국명을 로디지아(Rhosidia)로 정하고 독립을 선언하였으나 인정을 받지 못하였다. 1980년 4월 영국으로부터 독립하였으며 이때부터 나라 이름을 '짐바브웨(Zimbabwe)'로 바꾸었다.

사회주의 노선을 표방한 무가베(Mugabe)가 1980년부터 총리, 1987년부터 대통령이 되어 백인들이 소유한 토지를 몰수하고 미국과 유럽에 대한 적대정책을 펼쳤으며, 미국, 영국, 국제통화기금(IMF) 등의 지원을 거부하여 한때 미국과 서방세계로부터 이라크, 북한 다음으로 불량국가로 낙인찍히기도 하였다. 무가베가 장기간 철권통치를 휘두르며 백인들에 대한 적대 행위와 백인들이 경영하던 공장이나 모든 기업들이 문을 닫으면서 대량 실업과 함께 경제정책의 실패에 따른 살인적 인플레이션으로 극심한 혼란과 빈곤을 초래하였다. 쇼나족이 약 80%에 이르고 은데벨레족이 두 번째로 많으며 소수의 백인, 아시아인 등으로 구성되어 있다.

하라레(Harare)

국토의 북동부, 남위 17° 50′의 저위도에 있으나 해발 1,483m의 고원 지대에 위치해 연평균 기온은 18℃ 정도로 서늘한 편이다. 남아프리카에 대한 백인식민지의 거점으로서 건설되었으며 당시 영국 외무장관 L. 솔즈베리의 이름을 따서 '솔즈베리'로 명명하였다가 1980년 '하라레'로 변경하였다. 중앙아프리카 연방시대(1953~1963)에는 연방의 수도를 겸하였다. 백인 문화의 중심지로 여러 가지 기반 시설이 잘 갖추

○ 하라레(Harare)

○ 하라레 국제공항

어져 있다.

아침 일찍 일어나 준비를 하고 오늘은 고대하던 빅토리아(Victoria) 폭포를 답사하는 날이다. 잠시 창밖을 보니 녹색의 나무숲과 어우러진 크고 작은 건물들이 잘 정돈되어 있어 무척 깨끗하고 세련된 느낌이 들었다. 과거 이곳이 남아프리카를 지배하기 위한 백인들의 전초기지였던 흔적이 그대로 남아 있는 것 같았다.

7시에 버스를 타고 공항으로 출발하였다. 하라레 시민들도 아침 일찍부터 어디로 가려는지 바쁘게 움직인다. 영어 간판이 그런대로 익숙한 느낌으로 다가온다. 고원지대라 아침 공기가 무척 선선하다. 공항까지 가는 길은 고원인데도 넓은 평지로 되어 있다. 오늘 저녁에 보았던 독특한 공항 건물이 밝은 햇살 아래서 더욱 특이하게 보인다.

하라레에서 빅토리아 폭포까지는 서쪽으로 557마일 떨어져 있으며 비행시간은 약 2시간 정도이다. 공항에 가까워지자 나무를 심어 경계로 삼은 은데벨레(NDebele)족 마을이 보인다. 9시에 출발하여 11시가 다 되어 빅토리아 폭포 국제공항에 도착하였다. 날씨는 맑고 하늘은 푸르러 폭포를 보러 가는 마음을 한껏 설레게 한다. 수속을 마친 후 버스를 타고 그토록 기다렸던 빅토리아 폭포를 향해서 출발했다. 길옆의 숲에는 상록의 나무들이 빽빽하게 들어차 있고 가끔씩 바오밥 나무도 눈에 띄었다.

약 20여 분 정도 차를 달려 드디어 빅토리아폴스 입구에 도착했다. 이곳은 세계적으로 유명한 빅토리아 폭포를 보러 오는 관광객을 위해 특별히 조성된 관광도시이다. 높은 빌딩은 없고 아프리카의 정취를 느낄 수 있도록 전통양식과 갈대와 흙 등을 이용하여 지은 집들이 많아서 무척 정감이 들었다. 갈대로 지붕을 덮은 기념품 가게가 눈에 들어온

다. 드디어 빅토리아 폭포 입구에 섰다.

빅토리아 폭포(Victoria Falls)

이곳 현지 말로 '모시 오아 툰야(Mosi-Oa-Tunya, 천둥 치는 연기)'라
고 불리는 빅토리아 폭포는 1855년 영국의 탐험가 데이비드 리빙스턴
(David Livingstone)이 백인으로서는 처음 발견했다. 당시 영국 여왕의 이
름을 따서 '빅토리아 폭포'라고 지었다고 한다.

잠베지강의 중상류에 위치해 있으며 동쪽의 잠비아와 서쪽의 짐바브
웨의 경계를 이루고 있다. 폭포 주변 잠베지강의 해발고도는 약 90m
이고 폭포의 길이는 약 1.7km이며 최대 높이는 108m로서 높이에 있어
서는 남미의 이과수 폭포보다 높지만 규모 면에서 세계 2위에 해당될
정도로 큰 폭포이다. 짐바브웨의 서쪽에서부터 동쪽의 잠비아에 이르

기까지 주요 지점으로 악마의 폭포(Devil's Cataract), 주 폭포(Main Falls), 편자 폭포(Horseshoe Falls), 무지개 폭포(Rainbow Falls), 안락의자 폭포(Armchair Falls), 동쪽 폭포(Eastern Cataract) 등을 들 수 있다. 우기 때 수량이 많을 때에는 물보라가 300m 이상 솟아올라 60㎞나 떨어진 곳에서도 볼 수 있다고 한다.

중생대인 1억 8천만 년 전 화산폭발로 분출한 용암이 오늘날 빅토리아 폭포 일대를 덮었으며 수축 과정에서 현무암의 절리가 생기고 지각에 균열이 생겼다. 이곳에 비가 내려 대지는 호수가 되었고 모래가 계속 유입되어 균열된 틈을 메운 것이 오랜 시간 퇴적 작용을 거쳐 사암으로 변했으며, 건기가 되어 호수는 말라 버리고 이곳에 물이 흐르면서 틈을 메웠던 사암이 침식되어 폭포가 만들어진 것이다. 강물이 현무암 협곡으로 떨어지기 때문에 하늘에서 보면 마치 강이 갑자기 땅속으로 사라지며 흰 연기가 솟아오르는 것과 같은 장관을 연출한다. 폭포 아래쪽은 폭포 위보다 강폭이 좁은 협곡으로 되어 있어서 특히 우기 때에는 물이 심한 격류를 형성하며 인도양으로 흘러간다. 짐바브웨와 잠비아의 국경을 잇는 다리 부근에 번지점프장이 있어서 스릴을 즐기려는 관광객들이 즐겨 찾는다.

입구를 지나면 바로 숲이 나오고 폭포 소리가 들리기 시작한다. 길을 따라 제일 먼저 ChainWalk로 갔다. 우거진 나무숲 사이로 하얀 물안개가 협곡을 가득 메우고 하얀 물줄기가 우레 같은 소리를 내며 강바닥으로 쏟아져 내리고 있다. 폭포의 물안개가 하늘로 솟아오른 듯 푸른 하늘에는 흰 구름이 하얀 폭포와 대칭을 이루고 있다. 강바닥을 울리는 성난 짐승의 포효 같은 천둥소리와 꿈길 속의 하얀 물안개와 녹색

○ 리빙스턴 동상

의 숲, 푸른 하늘과 흰 구름이 멋진 조화를 이루며 비경을 연출한다. 난간을 따라 아래로 내려가니 물안개가 몸을 감싼다. 폭포에 가까이 있다는 것이 실감났다. 계단을 올라와 시계 방향으로 발길을 돌리니 폭포의 서쪽 끝에 리빙스턴 동상이 나타났다.

데이비드 리빙스턴(David Livingstone, 1813~1873)

1813년 영국 스코틀랜드 블랜타이어(Blantyre)의 가난한 가정에서 태어났으며 10살 때부터 방직공장에서 일하면서 배움에 열중했다. 글래스고(Glasgow) 대학에서 신학과 의학을 공부하여 의사 자격을 취득하였으며, 21세 때 중국으로 갈 선교사 모집에 응모했으나 아편전쟁으로 중국행이 무산되자 아프리카에서 선교 활동을 벌이던 로버트 모팻

(Robert Moffat) 목사의 권유로 아프리카의 선교 활동에 지원하게 되었다.

1841년 남아프리카공화국 케이프타운에 도착한 리빙스턴은 1843년 모팻 목사의 딸 메리(Mary)와 결혼했으며, 원주민 말도 잘하고 현지 지리도 잘 알고 있던 메리는 리빙스턴의 탐사에 많은 도움을 주었다. 1849년 살인적 더위와 원주민들의 공격 등의 많은 어려움을 극복하고 60일 걸려 칼라하리(Kalahari) 사막을 통과하여 은가미(Ngami) 호수를 발견하였으며, 1855년 백인으로는 처음으로 '모시 오아 툰야(Mosi-Oa-Tunya, 천둥 치는 연기)'를 발견하였다. 그는 이 폭포를 영국 여왕 이름을 따서 '빅토리아 폭포'라고 이름을 붙였다.

그는 잠베지강의 탐사 도중에 노예무역의 비참한 실상을 목격하고 노예무역을 폐지시키겠다는 굳은 결심을 하게 되었다. 그는 1856년 영국으로 귀국하여 영국 국민들로부터 영웅적인 대접을 받고 1858년 두 번째 탐험에 나서『잠베지강과 그 지류(Zambesi and its Tributaries)』라는 탐험기를 썼다. 1858년 그가 모잠비크를 탐사할 때 바오밥 나무에 그의 이름의 첫 글자를 새겼는데 그 나무는 지금도 모잠비크의 천연기념물로 지정하여 보호하고 있다고 한다. 이때 그가 보낸 보고서를 통하여 노예무역의 부당함과 끔찍한 참상을 알게 된 영국 정부는 그를 모잠비크 영사로 임명하여 노예무역에 대한 조사 임무를 부여하였다.

백나일강의 수원을 밝혀 주기를 바라던 영국왕립지리학회의 요청에 따라 1866년 다시 아프리카의 탐사에 나선 그는 잔지바르(Zanjibar)에 전진 기지를 마련하고 노예 신분이었다가 자유인이 된 추마(Chuma)와 수시(Susi)라는 두 명의 아프리카인과 함께 탐사를 시작하였다. 그는 잔지바르에서 흑인 노예무역의 참상을 목격하고 노예무역을 저지하기 위해

노력하였으며, 교육과 선교 활동을 통해 그들을 구제할 수 있다고 생
각하였다.

1870년 백나일강의 수원지를 찾아 탐사를 하던 중 실종되어 영국과
유럽, 미국에서 많은 관심을 끌기도 하였다. 신문기자였던 스탠리는 수
색대를 꾸려 그를 찾아 나섰으며 1871년 탕가니카 호수 주변에서 극적으
로 리빙스턴을 만나게 되었다. 그는 탕가니카호, 빅토리아호 등을 탐사
하였으며 오랜 기간 동안의 탐사로 지치고 쇠약해져 1873년 5월 1일 잠
비아(Zambia)의 일라라(Ilala) 지역에서 숨을 거뒀다. 28세에 아프리카에 온
이후 33년 동안 아프리카 중남부를 돌아다닌 리빙스턴은 1873년에 눈을
감았으며 1874년 그의 유해는 런던의 웨스트민스터 사원에 묻혔다.

그는 아프리카를 탐사한 유럽인들과는 달리 흑인들이 노예로 끌려가
는 것을 가슴 아파하면서 노예무역의 폐지를 위해 힘썼으며 흑인들에
게 농사법을 가르치고 의술을 베풀었다. 그는 높은 이상을 갖고 아프

○ 빅토리아 폭포

○ 8번 지점에서 본 주 폭포

○ 악마의 폭포(서쪽 끝)

○ 서쪽 끝에서 바라본 모습

리카에 대한 진정한 애정을 바탕으로 아프리카를 이해하고 아프리카 사람들에게 인간 존중의 고귀한 가치를 심어 주었다. 그가 몸담았던 곳에서는 지금까지도 그의 높은 정신을 기리고 있으며 거리나 도시의 이름으로 남아 오래도록 그를 기억하고 있다.

리빙스턴의 동상을 둘러보고 오던 길로 되돌아가 폭포를 조망할 수 있는 숲길로 걸어갔다. 대부분의 길은 날씨가 맑은데도 물기로 축축했고 심한 곳은 옷이 젖을 정도였다. 짐바브웨 빅토리아 폭포의 서쪽 끝에 리빙스턴 동상이 있으며 폭포의 전망대는 동쪽으로 이동하면서 주요 지점을 정해 놓았다. 맨 서쪽 1번이 악마의 폭포(Devil's Cataract)이며 맨 끝은 잠비아로 가는 다리 근처의 16번 지점이다.

지금은 건기라 수량이 적은 편이며 폭포의 군데군데 물기를 먹은 진한 갈색의 절벽이 언뜻언뜻 보였다. 물안개가 폭포를 가렸다가 다시 걷히고 폭포 아래 깊은 골짜기에는 황톳빛 강물이 세차게 흐른다. 1.7km의 강폭에서 떨어지는 일자형(一字形) 폭포로 비교적 간단하여 폭포 앞쪽으로 난 길을 걸으면서 폭포를 감상한다. 수량이 많은 곳에서는 물보라가 솟아올랐다가 돌풍을 타고 향연을 벌이며 날아다니다가 비처럼 쏟아져 내려 옷을 흠뻑 젖게 한다. 특히 우기 때에는 워낙 이런 곳이 많아서 온몸을 적신 채로 폭포를 구경하며 즐긴다고 한다.

폭포 부근의 숲은 폭포에서 공급해 주는 넉넉한 물로 나무가 우거지고 풀들도 무성하게 자라 있다. 우리는 폭포의 앞쪽 길을 따라 1번 리빙스턴 동상이 있는 악마의 폭포에서부터 2번, 3번, …, 9번의 주 폭포(Main Falls)를 지나 거쳐서 앞쪽에 리빙스턴섬(Livingstone Island)이 있는 11번, 12번 말편자 폭포(Horseshoe falls)를 지나 13번 무지개폭포(Rainbow

Falls)에 도착하였다. 특히 리빙스턴섬 부근, 주 폭포 바로 앞쪽에 가까이에서 폭포를 볼 수 있는 Devil's Pool이 있다.

ㅇ 주 폭포

ㅇ 폭포 주변의 숲

○ 12번 지점에서 본 편자 폭포

○ 13번 지점에서 본 무지개 폭포

○ 폭포 입구 기념품 가게와 소시지 나무

　천둥 치는 소리가 울려 퍼지는 깊은 계곡에 물안개가 걷히고 햇살이 비치면서 생긴 쌍무지개가 한층 운치를 더해 주었다. 무지개는 햇빛이 구(球) 모양의 물방울에 들어가서 굴절이 되고, 이어서 물방울 안에서 반사한 후 물방울에서 공기 중으로 나올 때 굴절되어 만들어진다. 폭포와 같이 물방울이 많은 곳에서는 쌍무지개가 자주 생기는데 아래에 생기는 것이 1차, 위에 생기는 것을 2차 무지개라고 하며 1차 무지개보다 흐리고 색의 배열이 1차 무지개와 반대가 된다. 특히 13번 지점의 무지개 폭포(Rainbow Falls)의 전망대는 정남향에 위치해 있어서 다른 곳보다 무지개를 더 선명하게 볼 수 있다.

　폭포의 물보라로 시원하게 몸을 적시고 빅토리아 폭포에 가까운 곳에 위치한 킹덤호텔(Kingdom Hotel)에 도착했다. 입구에서부터 건물의 장식이나 건축양식이 아프리카의 분위기가 물씬 풍길 정도로 특이했

○ 사람 모습의 돌 조각

○ 잠베지강 입구에서 원주민들의 공연

다. 로비에 들어서자 여러 명으로 구성된 은데벨레(NDebele)족 악단이 우리를 위해 연주와 노래를 들려주었다. 왕과 왕비가 무대 위의 의자에 앉아 있고 그 옆을 호위무사들이 둘러싸고 있다. 이곳 짐바브웨는 돌조각으로 유명한데 식당 한쪽의 작은 갤러리에 돌조각 등을 전시하고 있었다.

점심 식사 후 잠베지강 크루즈를 위해 출발했다. 강 쪽에 접근하자 숲속에 몇 명의 원주민들이 악기를 연주하며 노래를 부르고 있었다. 푸른 하늘은 흰 구름을 품고 강물은 잔잔하며 강바람은 서늘하다. 배에 올라 아름다운 잠베지강의 풍광을 즐겨 본다. 여러 척의 배들이 잠베지강을 따라 유람을 즐긴다.

잠베지강(Zambezi River) 사파리

○ 잠베지강

'큰 수로' 또는 '위대한 강'이라는 뜻의 잠베지강은 아프리카 대륙에서 인도양으로 흘러드는 아프리카 남부 최대의 강으로 길이는 2,740㎞, 유역 면적은 133만㎢이다. 강의 유역에는 앙골라, 잠비아, 보츠와나, 짐바브웨, 모잠비크, 말라위 등이 포함된다. 계절에 따른 강물의 흐름은 변동이 적은 편이며 급류가 있어서 내륙수로로 이용하기 힘드나, 급류를 이용하여 잠비아와 짐바브웨 국경에 카리바(Kariba) 댐을 건설하여 대규모의 수력발전이 가능해졌다. 하류는 일찍부터 포르투갈인에 의해서 알려졌지만, 중류는 1851년과 1856년 리빙스턴이 탐험하였으며 이 과정에서 백인으로서는 처음으로 빅토리아 폭포를 발견하였다.

　배를 타고 잠베지강의 하류 쪽으로 이동하였다. 물속에서는 하마들이 시원하게 목욕을 즐기고. 섬의 가장자리에서 가마우지가 휴식을 취

ㅇ 잠베지강에서 유람을 즐기며

○ 망중한을 즐기는 하마　　　　　　　○ 멀리 빅토리아 폭포에서 물안개가 솟아오르고

하고 있다. 다른 배의 관광객들이 물가에 있는 작은 악어를 발견하고 즐거워한다. 멀리 빅토리아 폭포가 있는 곳에서 하얀 연기가 피어오르 듯 물보라가 하늘로 솟아오르고 있다. 우리는 잠비아 쪽으로 이동하여 롱아일랜드(Long Island)섬을 끼고 다시 상류로 올라갔다. 이 배에서는 음료와 술을 무제한 제공해 준다. 한 잔의 술을 마시고 강바람을 쐬면 서 강과 하늘과 구름을 보며 자연의 아름다움에 흠뻑 취해 흥겹게 뱃노 래를 불러 본다.

　건너편 잠비아 쪽의 강변 나무숲에 둘러싸인 리빙스턴 로지의 멋있 는 모습과 선착장이 눈에 들어온다. 앞에 앉아 있는 흑인 여성의 동글 동글하게 땋은 머리가 무척 인상적이다. 흑인들은 대부분 곱슬머리로, 조금만 자라면 두피를 파고들어 고통을 유발하며 머리카락도 가늘어서 곧게 펴려고 하면 쉽게 끊어진다고 한다. 그래서 남자들은 머리를 아 주 짧게 깎고, 여자들은 가발을 사용한다. 가발에는 모자처럼 쓰고 벗

○ 무한 리필 선내 바

○ 아프리카의 여인

을 수 있는 통가발과 생머리에 가발을 이어붙이는 위빙(Weaving)이 있
다. 이 중 위빙을 선호하는데 보기에는 좋으나 한 번 착용하면 머리를
감기가 불편하여 보통 2주에 한 번씩 갈아 준다고 한다. 흑인 여성들이
매직스트레이트나 찰랑거리는 생머리를 왜 그렇게 동경하는지 이해가
되었다. 흑인들의 이러한 모발 특성 때문에 가발 산업이 활기를 띤다
고 한다.

　많은 사람들이 저물어 가는 잠베지강에서 여름날의 낭만을 즐기며
하루를 마무리하고 있다. 잠깐 동안 강물에 찬란한 황금빛 햇살을 던
지더니 어느덧 해는 구름 속으로 모습을 감추고 강물은 이제 서서히 검
붉은색으로 물들어 간다.

○ 잠비아 쪽의 로지

○ 16일째 날(1월 21일)

오늘은 보츠와나의 초베(Chobe)강 사파리를 즐기는 날이다. 돌을 다듬어 벽돌처럼 만들어 쌓은 호텔 건물이 무척 인상적이고 호텔 주변의 큰 나무들과 해자처럼 둘러싼 작은 호수들이 멋지게 조화를 이룬다. 아침부터 따가운 햇살이 화살처럼 나뭇잎 사이를 뚫고 호텔의 벽을 달구기 시작한다. 차를 타고 아침 공기를 가르면서 서쪽으로 달린다.

초베강은 잠베지강의 지류로서 우기 때에는 잠베지강의 강물이 역류하여 범람하기도 하며 수량이 풍부하여 강을 포함하여 강 주변에 코끼리를 비롯하여 악어, 하마, 많은 종류의 조류 등 다양한 동물들이 살고 있다. 초베강 사파리를 즐기려면 짐바브웨와 보츠와나의 국경인 카준

○ 빅토리아폴스의 킹덤 호텔(Kingdom Hotel)

○ 잠베지강의 지류인 초베강

굴라(Kazungula)를 거쳐야 한다. 카준굴라는 빅토리아 폭포에서 서쪽으로 약 60㎞ 정도 떨어져 있다. 길옆의 숲에는 주로 아카시아 나무가 주종을 이루고 그 아래 작은 나무들이 들어차 있다. 국경 사무소에서 간단하게 출입국 수속을 마치고 드디어 다섯 번째 나라인 보츠와나에 입국했다.

보츠와나(Botswana)

보츠와나는 남아프리카의 중앙부에 위치하며 면적은 약 58만 2천 ㎢이고 인구는 약 233만 명(2018년 통계)이다. 이 가운데 츠와나(Tswana)족이 약 80% 정도로, 이들이 사는 지역이 보츠와나(Botswana)이며 여기에서 나라 이름이 유래되었다고 한다. 동쪽에 짐바브웨, 서쪽에 나미비아, 남쪽에 남아프리카공화국, 북쪽에 앙골라와 잠비아가 있다. 1895년 영국의 베추아날란드 자치령이 되었으며 1966년 '보츠와나공화국'으로 독립하였다. 다른 아프리카 국가들에 비하여 종족 간 갈등이 적고 민주주의를 근간으로 정치적으로도 안정되어 있으며 아프리카에서 가장 발전하고 있는 나라 중의 하나이다. 다이아몬드 산업이 주력 산업이고 관광도 외화 수입에 큰 몫을 하고 있으며 AIDS 감염률이 높아(37%) 국가 발전에 큰 장애요인이 되고 있다. 2014년 유네스코 세계자연유산으로 지정된 오카방고(Okavango) 삼각주가 있다.

국경을 넘을 때마다 별 문제 없이 친절하게 잘 처리해 주어 아프리카에 대한 부정적인 선입견이 많이 바뀌었다. 준비된 버스를 타고 초베강 선착장을 향해 북쪽 방향으로 달린다. 현재 보츠와나는 정치가 안정되어 있고 국민소득이 꽤 높아져 다른 나라에 비해 생활도 윤택하여

○ 국경마을 카준굴라

살기 좋은 나라 중의 하나이다. 길옆의 집들도 현대식 건물이 많고 비교적 잘 단장되어 있어 넉넉하게 살고 있음을 한눈에 알 수 있었다.

조금 달리다가 커다란 바오밥 나무가 있는 곳에서 차를 세웠다. 지금까지 본 바오밥 나무 중에서 가장 큰 것이었다. 바오밥 나무는 중앙의 큰 줄기에 물을 많이 저장하여 몇 달 동안의 가뭄도 견딜 수 있다고 한다. 나무의 자태가 무척 웅장하고 범접하기 어려울 정도로 위엄이 느껴진다. 처음 보는 우리도 예사롭지 않게 느껴지는데 오래전부터 이곳에 살았던 아프리카 사람들에게 거대한 바오밥 나무는 그야말로 신에 버금갈 만한 존재였을 거라는 생각이 들었다.

바오밥 나무에 대할 때 꼭 지켜야 할 것은 첫째, 가지를 함부로 잡아당기지 말고, 둘째, 바오밥 나무 아래에서는 욕을 해서는 안 된다고 한

○ 신성함이 느껴지는 바오밥나무

다. 잎사귀는 나물로 데쳐 먹고 타원형의 열매로 주스나 빵을 만들어 먹는다고 한다. 껍질은 질겨서 옷, 그물, 바구니 등으로 이용하며 오래된 나무의 줄기 속은 비어 있어 여러 가지 물건을 저장하기도 한다.

잠시 후 초베강 국립공원의 로지에 도착하여 잠시 쉬었다가 배에 올랐다. 지류라고 해도 강폭은 꽤 넓었다. 강 건너 나미비아의 풍경이 눈에 들어온다. 초베 국립공원에서는 지프차를 타고 육상에서 하는 사파리와 초베강에서 배를 타고 즐기는 사파리 두 종류가 있는데, 배를 타고 즐기는 사파리는 육지와 또 다른 매력이 있는 것 같았다. 이곳 초베 국립공원은 아프리카에서 코끼리가 많기로 유명하다고 한다. 배에 올라 사파리를 시작하자마자 작은 앙골라 녹색물뱀(Angola Green Water Snake)이 물살을 가르며 강을 가로질러 헤엄을 치고 있었다.

초베국립공원(Chobe National Park) 사파리

보츠와나 북서쪽에 위치해 있으며 야생 생물의 멸종을 방지하기 위해 1967년 보츠와나에서 최초로 지정된 국립공원이다. 면적은 10,566㎢로 보츠와나에서 두 번째로 큰 국립공원이며, 아프리카 대륙에서 동물들이 가장 많이 밀집되어 있어서 육상과 강에서 사파리를 즐길 수 있다. 원래 이 지역에는 유목 생활을 하던 부시맨으로 알려진 산(San)족이 살던 곳인데 보츠와나의 대부분은 츠와나족이고 산족은 보츠와나 인구의 3% 정도로 매우 적은 편이다. 이 공원에서 가장 유명한 것은 코끼리로, 코끼리의 개체 수가 많아서 세계에서 가장 큰 집단을 형성하여 많은 코끼리를 쉽게 관찰할 수 있다.

앞쪽으로 풀이 무성한 세두두섬(Sedudu Island)이 보인다. 초베강을 국경으로 삼고 있는 나미비아와 보츠와나 간의 오랜 국경 분쟁지였던 세

○ 선착장

○ 수련

두두섬은 1999년 국제사법 재판소의 결정에 따라 보츠와나의 영토가 되었다고 한다. 섬 주변의 물가에 하얀 수련꽃이 군데군데 피어 있다.

안내자가 물 쪽을 가리키며 악어가 있다고 알려 준다. 초베강에는 악어가 많아서 매우 위험하기 때문에 절대로 물속에 손을 넣지 말라고 단단히 주의를 준다. 악어는 성격이 포악하지만 새끼가 클 때까지 잘 보살피는데, 어린 새끼를 입안에 넣고 이동하기도 한다. 가끔 악어가 먹잇감을 사냥할 때 잡아먹히지 않으려고 발버둥치는 피식자와 한참 동안 사투를 벌이다 지쳐서 먹잇감을 포기하고 놓은 경우를 볼 수 있다. 먹잇감보다 덩치가 큰 악어가 순간적으로 반응할 때 체내에 젖산이 많이 쌓이면서 이를 분해하기 위해 산소가 필요한데, 이를 '산소 부채(Oxygen debt)'라고 한다. 큰 동물일수록 빠른 시간 내에 높아져 지치게 되면서 먹잇감을 포기하는 것이다. 자신보다 큰 동물과 싸울 때에

○ 나일악어

○ 초베강 주변

는 최대한 힘을 많이 쓰게 하여 빨리 지치게 함으로써 위기에서 벗어날 수 있다.

초베강 사파리는 배를 타고 물속의 동물들과 멀리 숲속의 동물들을 함께 볼 수 있어서 아주 매력적이다. 물속의 하마들이 무료함을 달래려고 고개를 들고 서로 장난을 친다. 하마는 눈과 귀, 콧구멍이 머리 위쪽에 있어서 오랫동안 물에 떠 있을 수 있으며 눈의 망막은 이중눈꺼풀로 덮여 있어서 흐린 물속에서도 잘 볼 수 있다. 하마는 초식동물이지만 피부의 건조를 막기 위해 대부분의 시간을 물에서 보내며, 특히 몸집이 커서 육상에서는 다칠 수 있기 때문에 물속에서 짝짓기를 한다고 한다.

홍수 때 떠내려온 나무에 물고기 사냥을 막 끝낸 가마우지가 날개를 편 채 말리고 있고, 아프리카 물고기독수리(Africa Fish Eagle)는 나무 위에

○ 날개를 말리고 있는 가마우지

○ 아프리카 물고기 독수리

○ 하마

올라앉아 강물을 주시하고 있다. 멀리 숲속에서는 멧돼지 가족이 먹이를 찾아 이동하고 있고, 임파라들이 가볍게 다리춤을 추면서 몸매를 자랑하고 있다. 물에서 풀밭으로 나온 하마가 불룩 나온 배를 이끌고 풀을 뜯어 먹고 있다. 하마가 지나간 자리는 풀 깎는 기계로 다음은 것처럼 말끔하게 정리되었다.

하마의 등에는 작은 새가 올라앉아 하마의 몸에 붙은 벌레를 잡아먹고 하마를 졸졸 따라다니는 새는 하마가 풀을 뜯을 때 흙속에서 나오는 지렁이나 벌레 등을 잡아먹는다고 한다. 이처럼 생물계는 서로 이익을 주고받는 공생(共生)이 많은데 하마와 새들도 조상들이 오래전에 맺어 놓은 긴밀한 관계를 본능적으로 잘 유지하는 것 같았다.

멀리 초원에 마라부스톡(Marabou Stork, 아프리카대머리황새)이 줄을 지어 날개를 펴고 있는데 햇빛을 이용하여 해충을 없애는 것이라고 한다. 마라부스톡은 아프리카멧돼지, 하이에나, 아프리카독수리(Vulture)와 함

ㅇ 마라부스톡(Marabou Stork)

께 다른 동물이 잡아 놓은 것을 빼앗아 먹는 초원의 약탈자라고 한다.

오랜 분쟁 끝에 보츠와나의 영토가 된 세두두(Sedudu)섬에 보츠와나의 국기가 꽂혀 있다. 푸른색 바탕은 물과 하늘을, 검은색은 흑인을, 흰색은 백인과 이주민을 상징한다고 한다.

엉덩이에 둥근 모양의 흰색 원이 그려진 물영양(Waterbuck)이 한가롭게 풀을 뜯고 있다. 엉덩이의 흰 원은 초원에서 뒤에 오는 물영양에게 잘 보이도록 하는 표식이라고 한다. 수컷에게는 커다란 가로로 홈이 팬 뿔이 있고, 싸움에서 이긴 수컷이 암컷을 차지하고 패자는 다른 짝을 찾아 떠난다고 한다. 멀리 숲에서 코끼리 가족들이 물을 먹으려고 강가로 뛰어내려 오고 있다. 울창한 나무숲과 강가의 풀, 풍부한 수량 때문에 코끼리를 비롯한 많은 동물들이 살기에 아주 적합한 곳이라는 생각이 들었다.

배를 타고 강과 숲, 섬들과 이런 좋은 환경 속에서 여유롭게 사는 모

○ 나미비아 로지

○ 나들이 나온 코끼리 가족

습을 보면서 지상의 낙원과 같은 생각이 들었다. 강을 따라 많은 배들이 오고 간다. 규모가 큰 2층 배는 숙식을 겸할 수 있는 유람선이라고 한다. 초베강 사파리를 즐겁게 마치고 초베 국립공원 로지에 있는 식당에서 점심식사를 하였다.

○ 나일왕도마뱀

○ 물영양(Waterbuck)

○ 나미비아의 휴게소

○ 강 건너 나미비아

○ 보츠와나 전통가옥

○ 강변식당에서 점심

○ 검은 소

○ 보츠와나 풍경

짐바브웨 빅토리아 폭포 헬기 투어

점심 식사 후 보츠와나의 국경을 넘어 짐바브웨로 돌아와 빅토리아 폭포를 보기 위해 헬기장으로 이동했다. 빅토리아 폭포를 관광할 때 폭포 위에서 헬기가 떠다니는 것을 보았는데 바로 헬기 투어로 하늘에서 빅토리아 폭포의 장관을 조망(眺望)하는 것이다. 헬기장에 들어서자 둔탁한 소리를 내며 헬기가 이륙한다. 간단하게 서류를 작성하고 주의 사항을 들었다.

헬기가 움직이는 대로 변하는 폭포의 모습을 바라보니 눈 아래 절경에 감탄사가 절로 흘러나왔다. 조금 열린 창문으로 카메라의 렌즈가 꽉 낀 상태에서 헬리콥터가 회전하는 대로 각도를 맞춰 가며 부지런히 셔터를 눌렀다.

○ 헬기를 타고

○ 멀리 빅토리아 폭포의 물안개가 보이고

　1.7㎞에 달하는 폭포의 전 구간이 한눈에 들어왔다. 고요한 잠베지 강물이 절벽에서 쏟아져 내리는 모습이 마치 베틀에 매달린 곱디고운 하얀 실이 녹색의 긴 천 속으로 빠져드는 것과 같은 모습이다. 바닥으로 곤두박질치며 떨어진 물줄기는 하얀 연기가 되어 공중으로 솟구친다. 오래전에 이곳에 살았던 원주민들이 알고 있던 것처럼 '천둥 치는 연기'가 백색의 분말이 되어 좁은 협곡을 가득 채운다.

　폭포 아래 협곡으로 은빛으로 물든 강물이 분노하듯 세차게 흘러간다. 멀리 상류 쪽을 바라보니 잠베지강이 숲속에 숨었다가 살포시 그 모습을 드러내고 지평선은 흰 구름을 품은 하늘과 경계를 만들었다. 짐바브웨와 잠비아를 잇는 다리와 리빙스턴 도로, 질서정연하게 조성된 빅토리아 폴스가 뚜렷하게 보인다. 헬기 투어를 마치고 목각 시장으로 향했다.

○ 물안개가 피어오르고 무지개가 뜨고

○ 하늘에서 바라 본 잠베지강과 빅토리아 폭포

○ 하늘에서 바라 본 잠베지강과 빅토리아 폭포

○ 빅토리아 폴스(Victoria Falls)

목각 시장

아프리카에 있는 모든 것을 새긴 나무 조각과 돌 조각, 면직물 등 다양한 기념품을 전시하고 있었다. 특히 짐바브웨 사람들은 쇼나 왕국 이전부터 돌 조각에 천부적인 재질을 보여 예술성이 높은 많은 석조 예술품을 남겼다. 현재에도 짐바브웨 돌 조각은 제 3세계의 미술로 인정받고 있으며 예술 활동이 활발하게 이뤄지고 있다.

나무 조각 중 역시 눈에 띄는 것은 늘씬한 기린이다. 전시장 한쪽에 다발로 된 여러 종류의 짐바브웨달러(ZWD) 뭉치가 애처로운 모습으로 손님들을 기다리고 있다. 얼마 전까지 짐바브웨의 인플레는 살인적인 상태를 넘어 통제 불능 상태까지 이르러 계란 세 개를 사는 데 200억 짐바브웨달러를 리어카에 싣고 갔다는 것이 외신에 보도될 정도였다.

○ 목각 제품을 비롯한 다양한 기념품들

○ 돌 조각

○ 여러 종류의 짐바브웨달러

한 장의 종이 값에 해당하는 돈을 찍는 데 들어가는 종이가 더 많았을 정도로 사태가 심각했다고 한다. 지금도 짐바브웨 사람들은 외국인 관광객을 대상으로 짐바브웨의 달러와 미국 달러를 교환하자고 넌지시 유혹한다. 기념품 가게에서 적당하게 쇼핑을 마치고 숙소로 돌아와 잠시 휴식을 취했다. 오늘 저녁 식사는 이곳 빅토리아 폴스에서 유명한 전통음식 보마(Boma) 요리였다.

　보마는 원래 '같이 모여 있다'라는 뜻인데 식사를 할 때 가족이 함께 모여서 먹는 것이 요리 이름으로 굳어진 것이라고 한다. 입구에 들어서니 원색의 모자를 쓴 아마추어 예술가가 우리를 웃으면서 맞아 준다. 식당 입구에서 공연단이 손님들을 위해 춤을 추고 노래를 불러 준다. 다양한 무늬가 새겨진 천을 왼쪽 어깨에 묶고 나자 얼굴에 붉은색 염료로 칠을 해 준다. 우리를 환영하는 의식이라고 한다. 입구의 화덕

ㅇ 보마(Boma) 식당

○ 악어 훈제(붉은색)와 임팔라 고기

○ 기념품을 파는 노인들

○ 기념 의상

에는 숯불에 잘 익은 양고기가 걸려 있다. 오늘 특식으로 악어 훈제와
임팔라 고기가 나왔다.

식당 한쪽에는 노인들 몇 명이 기념품을 바닥에 늘어놓고 손님들을
기다리고 있었다. 우리 일행이 공정 여행의 일환으로 노인들과 적당히
흥정을 하며 쇼핑을 즐긴다. 즐거운 춤과 노래가 어우러진 분위기 속
에서 맛있게 식사를 하며 오늘 하루를 마무리한다.

○ **17일째 날(1월 22일)**

킹덤(Kingdom) 호텔

오늘은 아침에 여유가 있어서 호텔 주변을 둘러보았다. 킹덤호텔
은 1999년 무가베 대통령이 건물 준공식에 참가했을 정도로 짐바브웨
에서도 아주 유명한 곳이라고 한다.

○ 킹덤 호텔(Kingdom Hotel)

○ 자귀나무(콩과)　　　　○ 개코원숭이(baboon)

일찍 잠에서 깬 개코원숭이를 비롯한 동물들이 물을 먹으려고 건물을 따라 파 놓은 작은 호숫가에 모여든다. 호텔 주변에 울타리를 하지 않아 동물들이 수시로 제집 드나들 수 있도록 자연친화적인 환경을 조성하였다. 인간과 동물이 평화롭게 공존하는 방법이라고 생각되었다.

새끼를 등에 업은 어미원숭이가 사뿐히 도로를 가로질러 숲속으로 사라진다. 개코원숭이는 8개월간 젖을 먹고 자라며 어미 등에 기마자세로 올라타 이동한다. 아침 식사 후 빅토리아 폭포 박물관을 둘러보려고 했으나 시간이 일러서 볼 수 없었고 대신 우체국 앞에서 기념 촬영을 하고 오늘 일정을 시작하였다.

○ 줄무늬몽구스

○ 흑인 전사들의 모습

잠비아 빅토리아 폭포

오늘은 짐바브웨의 국경을 넘어 잠비아로 이동하여 잠비아 쪽에서 빅토리아 폭포를 볼 예정이다. 킹덤 호텔에서 국경까지는 단 몇 분이면 갈 수 있는 아주 가까운 거리에 있다. 빅토리아 폭포는 짐바브웨와 잠비아 양쪽에 나뉘어 있기 때문에 폭포를 모두 보기 위해서는 국경 통과 시 유니비자(Uni-Visa, 'Kaza'라고도 함)를 받는 것이 훨씬 유리하다. 유니비자 발급비용은 50달러로 한 개 국가에서 발급하는 일반비자와 비용이 같고, 시간을 절약할 수 있는 장점이 있어서 좋으나, 경우에 따라서는 유니비자 발급을 중단하고 사무실 사정이나 직원들의 성향에 따라 발급이 어려운 경우가 있기 때문에 미리 잘 알아볼 필요가 있다.

많은 외국인들이 찾는 유명한 관광지라서 출입국 관리를 맡고 있는 직원들의 표정이 밝고 관광객들에게 친절하게 대해 주어 무척 편안하고 친근감이 들었다. 간단하게 수속을 마친 후 차를 타고 짐바브웨와

○ 짐바브웨와 잠비아의 국경에 있는 빅토리아 폭포 다리에서 본 폭포

○ 잠베지강과 빅토리아 폭포

○ 짐바브웨로 향하는 트럭들

○ 잠비아 빅토리아 폭포 입구

○ 리빙스턴 동상

잠비아의 국경을 가르는 빅토리아 폭포 다리(Victoria Falls Bridge)를 건넜다. 이 다리에는 세계에서 세 번째로 높은 번지점프장이 있어서 모험을 즐기려는 관광객들이 즐겨 찾고 있다. 다리 아래로 황톳빛 강물이 세차게 흐르고 그 위에는 나무들이 우거져 있다.

드디어 잠비아에 입국하였다. 차에서 내려 입국 수속을 밟고 잠비아의 빅토리아 폭포로 이동하였다. 도로 한쪽에는 짐바브웨로 갈 트럭들이 짐을 잔뜩 싣고 대기하고 있었다. 길 한쪽에 붉은색 철판에 적힌 말라리아에 대한 경고 문구가 우리들을 긴장시킨다. 입구로 들어서자 길 양쪽에 기념품 가게들이 들어서 있고 폭포 소리가 무겁게 들려온다.

아침을 굶었는지 개코원숭이가 쓰레기통을 쓰러뜨리고 이것저것 쓰레기들을 뒤지고 있다. 폭포가 시작되는 곳에 짐바브웨 쪽과는 다른

○ 잠비아의 동쪽 끝에서 바라본 모습

모습의 리빙스턴 동상이 있다. 앞쪽으로 이동하니 물줄기가 거침없이 쏟아지고 커다란 무지개가 거칠고 넓은 계곡을 포근히 감싸고 있다. 이곳은 잠비아 쪽 폭포의 맨 끝 쪽으로 굵고 흰 물줄기와 솟구쳐 오르는 하얀 물보라 때문에 폭포의 앞부분만 선명할 뿐 나머지 부분은 뿌연 물안개에 묻혀 버렸다. 무지개 너머 맞은편의 수직 절벽과 협곡 사이를 이어 주는 칼날 다리(Knife edge Bridge)가 보인다.

다시 왔던 길을 되돌아서 리빙스턴 동상을 지나 폭포의 동쪽 끝에서부터 정면으로 구경하는 것이다. 동쪽 끝의 폭포는 '동쪽 폭포(Eastern cataract)'라고 부르며 이곳에서 서쪽으로 이동하면서 폭포를 보게 된다. 안내자의 설명에 따르면, 1월은 건기라 물이 적어서 폭포의 맨살만 보이면 어쩌나 걱정했는데 다행히 최근에 상류지역에 비가 내려 수량이 많아졌다고 한다. 물보라를 맞으면서 일직선으로 되어 있는 폭포를 구경한다.

○ 칼날다리와 빅토리아 폭포 다리

○ 동쪽 폭포(Big Falls)

○ 칼날 다리에서 바라본 동쪽 폭포

다리는 물에 흠뻑 젖어 있고 다리 쪽으로 물보라가 몰려든다. 가끔씩 우비를 몸에 걸치고 다니는 사람도 눈에 띄고 대부분 옷이 물에 젖어도 별로 개의치 않는 눈치다. 물보라를 맞으며 칼날 다리를 건너면 바로 비숲(Rain Forest)이 시작되는데 이곳의 서쪽 끝에 있는 협곡(잠베지 강)이 짐바브웨와 국경을 이룬다.

계단을 따라 오르면 두 개의 갈림길이 나오는데 시간이 넉넉하면 시계 방향으로 이동하여 협곡과 빅토리아 폭포 다리를 관광하고 이동하여 짐바브웨와 잠비아의 경계가 되는 쪽을 보고 잠비아 쪽의 가장 서쪽에 있는 무지개 폭포를 보면서 칼날 다리 쪽으로 되돌아오면 된다. 시간이 없거나 실제로 대부분의 관광객들은 먼저 반시계 방향(거의 직선 방향)으로 걸어서 눈앞에 펼쳐지는 폭포를 따라 쭉 앞으로 이동한다.

잠비아 쪽의 가장 서쪽에 있는 안락의자 폭포(Arm Chair Falls)의 물줄기가 무섭게 강바닥을 때린다. 이 지점이 빅토리아 폭포에서 가장 높은 곳으로 108m에 이른다. 폭포의 중간중간에 많은 무지개가 계곡 사이에 걸쳐 있고 어떤 곳에는 쌍으로 모양을 냈다. 밀려드는 감동에 운동화에서부터 모자까지 흠뻑 젖은 것도 잊고 눈앞에 펼쳐진 경이로운 모습에 그저 감탄할 뿐이었다.

다시 차를 타고 국경을 넘어 호텔로 돌아와 식사를 하고 빅토리아 국제공항을 향해 출발했다. 우리는 이곳에서 비행기로 나미비아의 수도인 빈트훅(Windhoek)까지 이동해야 한다. 42인승 작은 국제선 비행기에 올라 4시가 조금 넘어 이륙하였다. 대부분이 건조 지역으로 숲은 별로 눈에 띄지 않고 초원과 사막이 계속 이어졌다.

○ 잠비아의 서쪽 국경에서 바라본 안락의자 폭포와 무지개 폭포

○ 동쪽 폭포에서 물안개가 솟아오르고

○ 다리를 건너 다시 짐바브웨로

○ 사바나의 표범과 누

○ 짐바브웨 빅토리아폴스 국제공항에서 나미비아의 빈트훅을 향해

나미비아 입국

약 1시간 30분 정도 비행하여 빈트훅의 호세아 쿠타코(Hosea Kutako) 국제공항에 도착하였다. 타고 온 비행기도 작았지만 공항 역시 계류장에 몇 대의 비행기만 보일 정도로 작았다.

입국 심사가 조금 까다로운 듯 면담하는데 조금 시간이 걸렸다. 면담이 끝나고 조금 후에 알았지만, 안내자의 표정이 무척 심각해 보였다. 우리가 타고 온 비행기가 만석이고 작아서 빅토리아 공항에서 짐을 모두 싣지 못했다는 것이다. 짐을 확인해 본 결과 우리 일행의 반에 해당하는 7명의 큰 가방이 오지 않은 것이다. 외국여행을 하면서 처음 겪는 일이라 무척 당황스럽고 앞으로 일정을 소화하는 데 큰 불편을 겪어야 한다는 생각에 불만이 이만저만이 아니었다. 빈트훅에서 하룻밤자고 이틀 동안 사막의 로지에서 생활해야 하는데 매우 난처한 입장에

○ 공항 주변의 모습

처하게 되었다.

빅토리아 폭포 관광을 아주 즐겁게 잘했는데, 이게 무슨 날벼락인가? 우리가 강력하게 항의했더니 짐바브웨 항공사 직원들의 얘기는 일단 남아프리카공화국의 케이프타운행 비행기에 짐을 실어 보내고 다시 케이프타운에서 국경을 넘어 나미비아의 빈트훅으로 보내 주겠다고 하였다. 그러나 이것도 믿을 수 없다고 한다. 최악의 경우 짐을 영원히 찾지 못할 수도 있다고 한다.

아프리카에서는 이런 일이 그렇게 이상한 일이 아니라고 한다. 안내자의 말처럼 여기는 아프리카이다. 그러나 어찌하랴. 내키지는 않지만 대강 마음을 추스르고 다음 일정을 위해 공항을 나오니 서늘한 바람이 조금 전의 불쾌했던 기분을 삭여 주었다.

버스를 타고 빈트훅의 외곽에 자리 잡은 숙소를 향해서 부지런히 달

렸다. 지금 우리가 달리는 곳은 해발 1,700m가 넘는 고원지대이며 강수량이 많지 않은 곳이다. 주변을 둘러보니 작은 아카시아 나무들이 대부분이고 그 사이사이에 누렇게 시든 풀들이 채워져 있었다. 산은 메말라 작은 나무들이 드문드문 자라고 있어서 이곳의 자연환경이 열악함을 직감할 수 있었다.

길옆 언덕 숲속에 자리 잡은 산뜻한 현대식 건물들이 잠시 내가 유럽의 어느 시골 마을을 지나는 것과 같은 착각을 불러일으킨다. 나미비아는 환경이 척박하여 사막 지역이 넓지만 아프리카의 여러 나라 중에서 서구화가 꾸준히 진행되었고 국민소득도 꽤 높은 편이다. 날이 저물면서 포도주가 배합된 붉은색 햇살이 산과 집들에 서서히 스며들고 있었다. 넓은 빈터에 자리 잡은 빈트후크 컨트리클럽 리조트에 여장을 풀었다.

Part

05

나미비아

○ 18일째 날(1월 23일)

나미비아(Republic of Namibia)

○ 나미비아 지도

　　정식명칭은 나미비아 공화국(Republic of Namibia)으로 아프리카 남서부 대서양 연안에 면해 있으며 북쪽은 앙골라, 동쪽은 보츠와나, 남쪽은 남아프리카공화국, 북동부는 잠비아와 접하며, 서쪽은 대서양에 면한다. 면적은 82만 4천㎢로 인구는 약 260만 명(2018년 기준)으로 약 90% 정도가 기독교를 믿으며 공용어는 영어이다.

　　일찍이 독일의 식민지가 되어 남서아프리카로 불리다가, 1915년 이후 남아프리카공화국의 식민통치를 받아 오다가 1990년 3월 아프리카에서 53번째로 독립하였다. 수도는 빈트훅(Windhoek)이며 행정구역은 13개 구(regions)로 이루어져 있다. 사막기후로 밤과 낮의 기온차가 크고 국토의 대부분이 건조한 사막지대이다. 대서양 연안을 따라 폭 80~120㎞의 나미브 사막이 남북으로 길게 뻗어 있고, 쿠네네강과 오카방고강이 북쪽 앙골라와의 국경선을 따라 흐르며 오렌지강이 남아프리카공화국과의 국경선을 따라 흐른다. 세계 제3위의 다이아몬드 생산국이다.

오늘은 남회귀선이 지나는 지역을 들러서 나미브 사막을 답사 하기 위해 7시 30분에 숙소를 출발했다. 잠에서 깨어난 염소들이 우리에서 나와 풀밭으로 종종걸음을 떼고 있다. 어제 숙소로 올 때보다 점점 나무가 적어지고 초원이 서서히 줄어들더니 조금씩 황량한 사막으로 변

○ 북한에서 세운 오벨리스크

○ 길 옆으로 펼쳐지는 풍경

하고 있었다.

　잠시 차를 달려 빈트후크 외곽을 벗어나 언덕 위에 북한에서 세웠다는 오벨리스크가 보이는 곳에서 잠시 차를 세웠다. 왼손에 소총을 들고 오른손에 화염병을 쥐고 금방이라도 불구덩이에 뛰어들 것 같은 성난 병사의 모습에서 독립을 향한 강한 의지를 느낄 수 있다. 1960년대 당시 남아프리카공화국의 식민지였던 나미비아는 독립을 쟁취하기 위해 쿠바, 북한과 같은 공산주의 국가의 원조를 받았으며 불행하게도 이들 공산국가의 도움을 받을 당시 나미비아는 최빈국에 속할 정도로 경제가 피폐해 있었다. 지금 나미비아 사람들은 이러한 혁명 전사의 동상과 오벨리스크를 보면서 철 지난 사회주의 망령에서 벗어나려고 얼마나 힘쓰고 있는지 무척 궁금해졌다.

　길옆의 산들과 초원은 전형적인 사바나 기후를 보여 준다. 산은 그리 높지 않지만 척박하고 강수량이 적어서 큰 나무는 적고 작은 나무만

○ 레오보스(Rehoboth)

자라고 있었다.

　우리는 지금 남회귀선이 지나는 지역을 가기 위해 남쪽으로 달리고
있다. 잠시 레오보스(Rehoboth)라는 작은 도시에 들렀다. 차에서 내리니
살을 태울 것 같은 강렬한 남국의 햇살이 우리를 맞는다. 이곳은 나미
비아의 중부 도시로 인구는 약 15,000명 정도이며 나미브 사막으로 가
는 사람들이 거쳐 가는 교통의 요충지이다. 건물들은 높지 않고 주택
은 대부분 언덕 위에 자리 잡고 있으며 현대식 건물로 깨끗하게 잘 단
장되어 있어서 우리가 들렀던 아프리카의 다른 나라와는 많은 차이가
났다. 차에 올라 남쪽을 향해 달렸다. 드디어 남위 23° 27′, 남회귀선
(Tropic of Capricorn)이 지나는 곳에 도착했다.

남회귀선(Tropic of Capricorn)

남위 23°27′의 위선(씨줄)을 말하며 동짓날 태양의 남중고도가 90°가 되어 천정을 통과하는 위선이기 때문에 북반구에서는 '동지선'이라고도 한다. 남반구에서는 열대와 온대를 구분하는 경계선이다. 북회귀선으로부터 내려와서 적도를 거쳐 남회귀선까지를 우리는 흔히 열대지방이라고 일컫는다. 여기서 'Capricorn'은 황도 12궁 중 하나인 염소자리를 뜻하는 것으로 과거에는 태양이 동짓날부터 염소자리를 통과하기 시작하기 때문에 이렇게 붙였다고 한다.

도로 옆 붉은색 모래판에 'Tropic of Capricorn'이라고 쓴 철로 된 안내판이 도로의 양쪽에 세워져 있다. 주변의 초원은 개인 소유인 듯 다른 사람들이 접근하지 못하도록 철망으로 경계를 지었다.

솔리타이레(Solitaire)

차에 올라 다시 레오보스를 향해 북쪽으로 달렸다. 다음 답사 지역은 레오보스에서 남동쪽에 위치한 나미브 사막의 솔리타이레(Solitaire) 지역이다.

다시 레오보스를 지나 남동쪽으로 길을 달린다. 말끔한 포장도로는 끝이 나고 지금부터는 비포장도로이다. 많은 차들이 단단하게 다져 놓아 먼지가 조금 날려도 웬만한 포장도로에 버금갈 정도이다.

나무와 풀이 자란 넓은 목초지는 개인 소유의 땅으로 철망이나 막대기를 세워 경계를 지었으며 주로 소나 염소를 기르고 있었다. 커다란 아카시아 나무에 마른 풀로 만든 작은 방만 한 집단베짜기새(Social weaver bird)의 새집이 줄기의 넓은 빈 공간을 메우고 있다. 많은 경우에는 하나의 새집에 2백~3백 마리가 살고 있다고 한다.

○ 아카시아나무에 지은 집단베짜기새집

○ 목장 관리소

우기 때 물이 흘렀던 도랑의 주변에는 큰 아카시아 나무들이 도랑을 따라 길게 이어져 있고 녹색 잎 사이로 노란색 꽃들이 장식되어 있다. 사막의 곳곳에 집들이 있는데 동물들을 관리하면서 거주하는 곳이라고 한다. 길을 달릴수록 나무와 초원이 적어지고 서서히 모래와 자갈의 비율이 높아지는 것을 알 수 있었다. 사막 지역은 모두 모래나 자갈로 되어 있는 것이 아니라 일반적으로 강수량이 적어서 생물의 생존이 어려운 지역을 총칭하는 것이기 때문에 현재 우리가 지나는 지역도 모두 사막에 속하는 것이다.

바깥 공기를 쐬기 위해 잠시 나우클루프트산 얼룩말 공원(Naukluft Mountain Zebra Park)을 통과하는 도로가에 차를 세웠다. 어느덧 우리는 사막의 한가운데 들어온 것처럼 산의 아래쪽에만 나무가 자라고 산의

○ 나우클루프트산 얼룩말 공원(Naukluft Mountain Zebra Park)

대부분은 검고 갈색의 척박한 맨살이 그대로 한낮의 더위에 노출되었다. 언제 비가 왔는지 알 수 없을 정도로 땅은 무척 메말랐다.

숲속으로 몇 발자국 움직이는데 작은 뱀 한 마리가 낯선 침입자에 놀라 재빠르게 움직이며 몸을 감춘다. 이곳에는 맹독의 독사도 많다는데 순간 두려운 마음이 들었다. 우리는 점점 남쪽으로 이동하여 사막 깊숙한 곳으로 들어간다. 이제 나무도 드문드문 서 있고 바닥에는 노랗게 마른 풀들만 듬성듬성 자라고 있었다. 이런 척박한 땅에서도 소나 염소들이 뜨거운 사막에서 얼마 남지 않은 풀을 뜯어 먹으며 살아가고 있다. 가끔씩 타조와 야생 동물들이 사막을 지나간다.

점심때가 다 되어 솔리타이레(Solitaire)에 도착했다. 이곳은 나미브 사막을 관광하는 관광객들을 위한 편의 시설과 주유소 정도만 있는 아주

○ 나미브사막 주변 지도

작은 마을이다. 사막 한가운데 있어서 무척 적적한 느낌마저 든다. 뜨거운 햇살을 받으면서 몇 발자국을 걸으니 무시무시한 사막의 열기가 공포로 다가온다. 집 주변의 큰 나무들이 고맙게도 시원한 그늘을 만들어 준다. 화단을 가득 채운 선인장이 건조 지역임을 말해 준다. 주변을 둘러봐도 열기가 가득한 황량한 사막뿐이다. 이곳에서는 사막을 걸으면서 관광할 수 있는 길이 나 있고 석양을 눈에 담을 수 있는 전망대가 가까운 곳에 있다.

집 주변에 '식물우유'라고 불릴 정도로 영양분과 비타민이 풍부한 모링가 나무(*Moringa ovalifolia*)의 하얀 꽃이 푸른 하늘을 배경으로 예쁘게 피어 있다. 이 나무는 동물이나 사람에게 매우 유용하게 이용되고 있으며 동물들이 닿는 아래쪽에는 잎이 남아 있지 않다고 한다.

○ 솔리타이레(Solitaire)

점심 식사를 마치고 잠시 주변을 둘러보고 오늘의 숙소가 있는 붉은 사막이 시작되는 곳으로 향했다. 열기는 점점 후끈 달아오르고 모든 생물들을 질식시킬 것 같은 제어할 수 없는 무시무시한 공포가 넓은 사막을 휩쓸고 지나고 있었다. 숨 돌릴 여유도 없이 하루를 주기로 대지는 매일 같이 뜨거운 태양 빛을 받으며 담금질하는 것이다.

우리는 사막을 그저 황량하고 척박한 곳으로만 볼 것이 아니라 매일의 시련과 고통을 견디면서 만들어 낸 위대한 자연의 창조물임을 생각해야 한다. 이 거칠고 메마른 사막을 헤매는 동물들에게도 삶의 진정한 의미와 그들 나름의 소박한 꿈은 있으리라. 해 지면 서늘한 바람에 푸른 하늘의 별들을 보면서 무한의 세계도 그려 보았으리라. 이 사막에 배어 있는 무수한 전설을 바람결에 흘려 준 사람은 누구인가?

○ 솔리타이레 주변 풍경

○ 모링가(*Moringa ovalifolia*)

나미브 사막(Namib Desert)

지구상에서 가장 오래된 사막으로 약 5,500만 년 전에 생성되었으며 북쪽으로는 앙골라 남부에서 남쪽으로는 남아프리카 공화국의 오렌지강까지 이어지는 길이 약 2,000km의 무척 긴 사막이다. 특히 나우클루프트 국립공원(Naukluft National Park)에 속하는 붉은 사막은 붉은색을 띠는 모래언덕과 계곡의 아카시아 고목 등이 어우러져 독특한 풍광을 연출하여 많은 사람들이 즐겨 찾는 관광 명소가 되었다.

남극해에서 올라와 아프리카의 남쪽에서 남서 연안을 따라서 북쪽으로 이동하는 벵겔라 한류는 육지의 공기 온도를 낮춰서 구름 형성을 방해하여 비가 내리지 않아 해안을 따라 길게 나미브 사막이 형성되었다. 남미의 페루 연안에도 남극에서 올라오는 훔볼트 한류 때문에 페루 연안의 바닷물의 온도가 낮고 해안을 따라 사막이 형성되어 있다.

바닷가에 위치한 해안 사막으로 대서양에서 불어오는 짙은 안개가

○ 솔리타이레 주변의 사막

바람을 타고 이동하여 이곳에 사는 생물들의 1차 수원(水源)이 되고 있다. 'Namib'는 나마족의 말로 '아무것도 없다'는 뜻이지만 실제로 이곳 사막에는 웰위처와 같은 특이한 식물을 비롯하여, 타조, 오릭스, 누를 비롯하여 딱정벌레, 도마뱀붙이와 뱀 등 많은 생물들이 극한의 환경을 이겨 내며 살고 있다.

우리는 곤하게 낮잠을 즐기고 있는 적막한 사막에 먼지를 날리며 남쪽으로 향했다. 비록 사막이지만 특별한 경우를 제외하고는 언제나 비포장길로만 다녀야 한다. 별것 아닌 것 같지만 사막 자체도 소중한 자연유산이고, 잘 보이지는 않지만 사막에 살고 있는 작은 동물들에게 해를 주기 않기 위함이라고 한다. 오른쪽으로 붉은 사막의 언저리가 눈에 들어왔다.

○ 세스리엠(Sesriem)

○ 사막의 소들

○ 쿠룰라 사막(Kulula Desert) 로지

297

높은 산에는 나무 한 그루 없고 바람에 의해 운반된 모래가 무늬를 만들고 있었다. 사막 여행을 즐기는 관광객들을 위해 세워진 작은 마을인 세스리엠(Sesriem)에는 그래도 제법 집들이 들어차 있었다. 계속 남쪽으로 이동하여 붉은 사막 주변, 지금은 물 한 방울 흐르지 않는 차우차브(Tsauchab)강의 언덕에 자리 잡은 쿠룰라 사막(Kulula Desert) 로지에 도착했다.

잠시 로비에서 바라보니 붉은 사막의 능선이 남쪽으로 길게 이어져 있고 물이 마른 강에는 갈증만이 꿈틀거리며 무거운 침묵이 흐르고 있었다. 이곳 숙소는 본부 건물을 중심으로 동쪽으로 한 동씩 일렬로 사막의 가운데에 세워져 있다. 가장 먼 쪽은 본부 건물에서 족히 2백m 정도 떨어져 있다. 좁은 자갈길로 짐을 끌고 가기가 어려워 포터들에게 부탁할 수밖에 없었다. 포터를 따라 숙소로 이동하여 한낮의 더위

○ 말라 버린 차우차브강

를 피하고 잠시 나미브 사막에서 달콤한 오수를 즐겼다.

낮잠을 즐기는 동안 아프리카에서 좀처럼 일어나기 어려운 기적이 일어났다. 그동안 큰 여행 가방이 없어서 불편해하던 일행들에게 모처럼 희소식이 날아들었다. 드디어 짐바브웨의 빅토리아 공항에서 미아가 되었던 가방이 남아프리카공화국의 케이프타운을 거쳐서 나미비아의 수도 빈트훅을 거쳐서 차로 6시간 이상 달려서 이곳까지 가방을 싣고 온 것이었다. 그나마 다행이고 또 한편으로 눈물이 날 정도로 고마운 마음까지 들었다.

푹 쉬고 즐거운 마음으로 오후 5시가 넘어서 사막의 답사를 시작하였다. 바싹 마른 대지에 건성건성 말라 버린 누런 풀들을 찾아 오릭스가 발걸음을 옮기고 있다. 오랜 가뭄에 익숙해진 나무들이 질식할 것 같은 사막에 생기를 불어넣어 주고 있다. 새들은 부지런히 이 나무

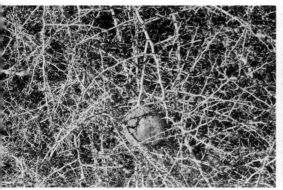

○ Nara Melon

○ 황량한 나미브사막

저 나무로 옮겨 다니며 주린 배를 채우고 있다. 이러한 극한 상황에서
도 꿋꿋하게 살아가는 생물들을 보면서 생명의 끈질김과 환경 적응력
에 대하여 그저 감탄할 따름이다. 황량하고 거친 사막에도 자세히 살
펴보면 효율을 극대화한 아주 정교한 먹이그물이 형성되어 있음을 알
수 있다.

  줄기에 잎 대신 가시가 달린 커다란 덤불 속에 둥그런 멜론이 달려
있다. 이 과일은 즙이 많아서 사람들과 동물들이 물을 공급받기 위해
서 즐겨 먹는다고 한다. 이리저리 눈을 돌려 아무리 찾아봐도 잎은 보
이지 않는다. 아마 진화 과정에서 잎이 가시로 변형된 것으로 생각된
다. 사막의 풍경은 아련한 꿈속 같으면서도 단조롭다. 상념에 젖은 낙
타가 먼 산을 응시하고 있다. 거친 모래바람과 뜨거운 열기도 이곳에
살고 있는 생물들의 생존에 대한 의지를 꺾지는 못하였다. 점점 길어
지는 저녁 햇살을 받으며 오늘 나미브 사막의 석양을 즐기기 위해 아카
시아 고목나무가 지키고 있는 곳에 도착했다.

○ 동물들을 위한 급수 시설　　　　　　　　　○ Bitter bush

　　바로 옆에는 혹독한 시련을 이겨 내고 살아 있는 커다란 아카시아 나무가 자랑스럽게 우뚝 서 있다. 풀로 정성 들여 엮은 집단베짜기새의 새집이 줄기 한쪽을 차지하고 있다. 멀리 황량한 산들이 붉게 물들기 시작한다. 키다리 병정 같은 긴 그림자가 사막에 드리워지고 오늘의 이야기도 또 이렇게 서늘한 바람을 타고 사막 깊숙이 스며들어 간다.

　　아카시아 고사목은 이곳이 건조하기 때문에 그대로 썩지 않고 큰 골격을 그대로 유지한 채 사막을 지키고 있어서 석양과 함께 환상적인 분위기를 연출한다. 미리 준비한 술과 음료로 흥을 돋우면서 저물어 가는 석양을 바라보면서 멋진 풍경 속으로 빠져든다. 오늘 이 거친 사막에 무슨 큰 영광이 있었는가? 황금색으로 찬란하게 빛나는 태양이 마지막 열정을 쏟아내고 있었다.

○ 아카시아 나무

○ 오릭스(Oryx)

○ 아카시아 고사목

○ 서서히 어둠이 밀려오고

○ 나미브 사막의 일몰

○ 적막 속으로 빠져드는 나미브 사막

○ 19일째 날(1월 24일)

　오늘은 나비브 사막의 꽃, 붉은 사막을 답사하는 날이다. 서늘한 새벽바람을 맞으며 길을 나섰다. 멀리 동쪽 산 위에 햇살이 펼쳐진다. 잠시 차에서 내려 하루의 일출을 감상한다. 검은 실루엣의 뚜렷한 능선 위로 황금빛 하늘이 펼쳐졌다. 이곳에서도 어김없이 하루의 태양이 떠오르고 있었다. 서늘한 바람이 세차게 몸을 휘감고 지나간다. 섬광처럼 주변이 밝아지면서 태양이 서서히 모습을 보이더니 황금빛을 띤 부챗살 같은 햇살이 어두운 사막에 내리꽂힌다. 사방이 모두 주황색으로 물들고 빛이 너무나 밝아서 제대로 바라볼 수가 없다.

　아침 햇살을 받는 쪽의 붉은색 모래와 반대쪽의 어둠이 묘하게 대비를 이루어 칼날같이 예리하면서도 춤추듯 부드러운 능선이 더욱 뚜렷

o 나미브 사막의 아침

o 나미브 사막의 찬란한 일출

○ 붉은 사막의 능선들

○ Dune 45

하게 보인다. 아직 잠에서 깨어나지 않은 사막의 풍경이 다른 행성에 온 것과 같이 무척 낯설고 이국적이다.

우리가 묵고 있는 숙소 쪽에서부터 순서대로 번호를 붙였다고 한다. 길을 달리면서 오른쪽 왼쪽으로 펼쳐지는 다양한 능선의 사막이 눈길을 사로잡는다. 눈에 들어오는 능선마다 모습이 제각각이고 거친 사막에서도 이런 아름다운 광경을 만들 수 있다는 것이 무척 신기하게 여겨졌다. 파란 하늘과 붉은 사막, 부드러운 능선과 명암, 녹색의 나무와 누런 풀들이 함께 엮어 내는 한 편의 파노라마와 같다. 드디어 오늘의 목적지 Dune 45에 도착했다.

모래언덕 45(Dune 45)

나미비아 해안에서 바람에 의해 모래가 이동하여 5백만 년 전에 만들어진 모래언덕으로, 산화철이 많아서 붉은색을 띤다. 멀리 앞쪽의 산에서 떠오르는 일출을 감상할 수 있는 곳으로도 유명하며 현재 많은

○ Dune 45를 오르며　　　　　　　　○ Dune 45 정상에서

관광객들이 들르는 대표적인 명소이다. 높이는 85m이며 주변에 나무들이 있어서 해가 뜰 때와 질 때 태양빛과 어우러진 주변의 풍경이 매혹적이다.

능선에는 이곳을 오르내리던 사람들이 남기고 간 발자국들이 서로 겹치고 밟혀 소박한 역사를 만들고 있다. 능선을 따라 올라가는 사람들의 모습이 새로운 세계를 찾아 무거운 발걸음으로 이동하는 것처럼 보인다. 모래가 고와서 밟을수록 발이 푹푹 빠져서 한 발짝 움직이는 것도 쉽지가 않다. 정오가 되려면 아직도 멀었는데 뜨거운 햇살에 벌써부터 붉은 모래사막은 커다란 용광로가 되어 거친 열기를 뿜어내고 서서히 갈증이 느껴진다.

명암으로 확연하게 구분되는 구부러진 능선은 창공을 자를 듯이 예리하게 꿈틀대며 뻗쳐 있다. 정상에 서니 붉은 능선은 장성(長城)이 굽이치듯 물결치며 겹겹이 거친 대지를 빼곡하게 채우고 있다. 저렇게 멋진 모습을 만들기 위해 바람은 얼마나 많은 모래들을 매만지며 다듬었을까? 손을 들어 문지르면 금세 푸른빛이 묻어날 것 같은 하늘과 예리하면서도 부드러운 붉은색 능선이 스쳐 가는 바람에 용틀임하는 것처럼 환상적인 분위기를 연출한다.

잊지 못할 추억을 담고 아직 햇빛이 닿지 않는 서쪽 경사면으로 내려왔다. 어스름한 평지에 서 있는 검은색의 아카시아 고목은 주변의 사막과 조화를 이루며 초현실주의적인 그림처럼 느껴진다. 이곳은 나미브 사막 중에서 가장 사랑을 받는 나우클루프트 국립공원에 속해 있다.

○ Dune 45 정상에서 바라본 능선들

○ Dune 45의 서쪽 모습

나우클루프트 국립공원(Naukluft National Park)

아프리카 남서부의 나미브 사막에 있는 생태 보호구역으로 1978
년 나미브 사막공원, 나우클루프트산 제브라공원(Naukluft Mountain Zebra
Park) 등지와 함께 조성되었으며 면적은 4만 9,768㎢로 동쪽 끝에 나우
클루프트산(山)이 있다. 대서양에서 밀려오는 안개가 수분을 제공하며
평균 강수량은 106㎜ 정도로 1년 중 2~4월에 집중적으로 내린다. 국
립공원 전체가 수렵금지구역으로 지정돼 아프리카에서 가장 넓은 수렵
금지구역이며, 극히 건조한 지역에 뱀, 도마뱀붙이, 희귀 곤충, 하이
에나, 오릭스, 자칼을 비롯한 매우 많은 종류의 생물이 서식한다.

안개를 실은 바람이 국립공원 내의 주황색 모래언덕을 형성한다. 철
성분이 많이 포함된 붉은 사막이 특히 유명하며 그중에서도 가장 높은

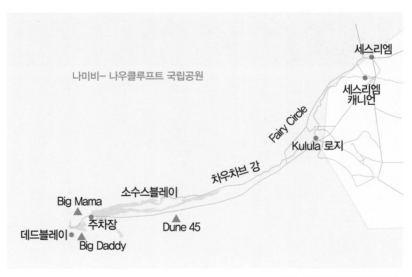

○ 나미브–나우클루프트 국립공원 지도

○ 붉은 사막의 다양한 모습들

○ Big Daddy 가기 전의 모습

○ Big Daddy

Big Daddy와 그 아래 아카시아 고사목이 수백 년 동안 썩지 않고 마른 강 바닥에 남아 있는 데드 블레이(Dead Vlei)가 가장 눈길을 끈다. 이외에도 Dune 45와 Big Mama와 그 아래 차우차브강의 맨 끝 점에 해당하는 소수스 블레이, 차우차브강의 상류에 있는 세스리엠 캐니언 등이 많이 알려져 있다.

차에 올라 조금 달리다가 낮은 모래언덕이 있는 곳에서 하차하였다. 햇살은 살을 태울 듯이 뜨겁다. 언덕 아래에는 아카시아 나무가 초병(哨兵)처럼 길게 줄을 지어 이어져 있다. 낮은 모래 언덕에 만들어진 많은 능선들이 대지에 새겨진 무늬처럼 아름답다.

차에 올라 오늘의 일정 중 가장 관심을 끄는 데드블레이로 향했다. 멀리 꿈틀대며 위용을 뽐내는 빅대디(Big daddy)가 눈에 들어온다.

차에서 내려 데드블레이를 향해서 걷는다. 모래의 중간중간에 흰색의 점토로 된 바닥이 드러나는데, 과거 강물이 흘렀을 당시 강바닥의 흔적이라고 한다. 바짝 말라 갈라진 흰색의 점토 바닥을 보니 이곳에

○ 데드블레이(Deadvlei)

오랫동안 물이 흐르지 않았음을 짐작할 수 있었다. 푹푹 빠지는 길을 약 1km 정도 힘들게 걸었더니 빅대디 아래 흰색의 점토로 포장한 것과 같은 커다란 원형의 분지가 눈에 들어왔다. 바로 이곳이 많은 관광객들을 나미브 사막으로 유혹하는 데드블레이(Deadvlei)이다.

데드블레이(Deadvlei)

과거 차우차브(Tsauchab)강의 범람으로 물이 흘렀으나 모래 언덕에 의해 물길이 막힌 후 물이 증발되어 메마른 지역이 되었으며 이곳에 살았던 아카시아 나무(Camel Thorn tree)가 말라 죽은 후 지금까지 썩지 않고 남아 있다. 'vlei'는 팬(pan)처럼 아래가 꺼져 있어서 비가 오면 물이 고이는 곳을 의미하므로 'deadvlei'는 '물이 없어서 마른 둥근 저지대'라고 말할 수 있다. 3백 살 먹은 나무가 죽은 후 6백 년의 세월이 흘러 오늘날의 모습이 되었다고 한다.

세스림 캐니언이 상류지역이며 물의 공급이 끊기면서 강바닥의 점토는 말라서 흰색을 띠며 딱딱한 암석처럼 굳어지고 갈라져 있다. 주변에 모래 언덕에 의해 이처럼 만들어진 여러 개의 작은 마른 호수들이 흩어져 있다. 붉은색의 모래와 푸른 하늘, 죽은 나무가 띠는 검은색, 바닥의 흰색 등이 조화를 이루기 때문에 사진작가들이 꼭 한 번 찾고 싶어 하는 곳이다. 빅대디에 오르면 데드블레이 전경을 한눈에 볼 수 있다.

분지 안으로 들어서니 죽은 지 수백 년이 지난 고목들이 검게 그을린 채 딱딱하게 굳어 버린 흰색의 바닥에 뿌리를 내리고 생명을 깨워 줄 물을 기다리며 긴 세월을 견디고 있었다. 세월이 흐르는 동안 크고 작

○ 데드블레이의 다양한 모습들

은 많은 고목들의 잔 줄기는 모두 바람에 날려가고 매끈하게 잘 다듬어
진 큰 가지만 남겨 놓았다. 나무의 크기뿐만 아니라 줄기의 모양 등이
모두 달라서 배경에 따라 제각각 독특한 모습을 연출한다. 강렬한 태
양 빛과 붉은 모래가 죽은 나무숲의 음울함을 잊게 해 준다. 호수와 사
막의 경계선에 무서운 생명력을 과시하듯 작은 나무들이 드문드문 자
라고 있다.

　무거운 발걸음을 옮겨 주차장으로 왔다. 잠시 자리를 옮겨 그늘
을 넓게 드리운 아카시아 나무 아래로 왔다. 안내자가 집단베짜기새
(Socialble weaver) 둥지에서 뱀이 떨어질지 모르니 나무 그늘 아래에 있으
면 위험하다고 주의를 주었다. 집단베짜기새는 참샛과에 속하는 작은
새로 많은 경우 수백 마리가 거대한 둥지를 틀어 함께 생활하는데, 큰
것은 둥지의 크기가 수 미터(m)에 달하며 입구는 대개 아래를 향하고
있다. 나미비아 사막의 아카시아 나무에서 흔하게 볼 수 있다. 낯선 방
문객들의 소리에 단잠을 깬 올빼미가 심기가 무척 불편한 모습으로 우

○ 아프리카참새 올빼미

리들을 응시하고 있다. 임시로 마련한 탁자에 빵과 과일, 음료수를 차
려 놓고 오전의 답사로 지친 몸을 달래 본다.

잠시 후 차로 조금 이동하여 강의 끝부분에 자리한 소수스블레이
(Sossusvlei)에 도착했다. 이곳은 땅속에 물이 어느 정도 공급이 되는지
수백 년은 된 듯한 큰 아카시아 나무들이 자라고 있었다. 다 익은 흰색
의 꼬투리가 주렁주렁 매달려 있다. 꼬투리를 흔들면 안에 들어 있는
씨가 달그락거리는 소리를 내기 때문에 아프리카 원주민들이 축제 때
여러 개를 연결해 흥을 돋우는 데 이용한다고 한다. 이렇게 건조한 곳
에서 이렇게 큰 나무가 자랄 수 있다고 생각하니 그저 신기할 따름이
다. 아마 땅속 깊이 내려간 뿌리가 지하에서 물을 어느 정도 흡수할 수
있기 때문이라고 생각된다. 소수스블레이는 데드블레이를 거쳐 흘러
온 강물의 종착점이라고 한다.

'소수스(Sossus)'는 'end'라는 뜻으로 'Sossusvlei'는 '물이 제일 나중에 모
이는 저지대'라는 의미다. 과거에는 이곳까지 강물이 흘렀다고 하나,

○ 아카시아 열매(꼬투리)

○ Big Mama

○ Big Mama와 소수스블레이

지금은 강바닥이 메말라 데드블레이와 마찬가지로 딱딱하게 굳은 흰색의 돌덩이와 같이 변해 버렸다. 이렇게 척박한 곳에 군데군데 아카시아 나무가 꿋꿋하게 생명력을 이어 가고 있다. 소수스블레이 위쪽으로 높이 60m의 모래 언덕인 빅마마(Big mama)가 자리 잡고 있다. 소수스블레이를 한 번 둘러보고 차에 올라 다시 로지로 향했다.

더위에 지쳤는지 일직선의 긴 뿔을 가진 오릭스 한 마리가 나무 그늘 아래서 휴식을 취하고 있다. 이제 대지는 바짝 달아올라 걷기조차 힘들 정도로 뜨거운데 몇 마리의 오릭스들이 언제나 그랬던 것처럼 여유롭게 사막을 거닐고 있다. 오릭스(Oryx)는 영양의 일종으로 초식동물이며 뜨거운 혈액이 냉각기 역할을 하는 큰 뿔에서 혈액을 식힌 후 뇌로 보냄으로써 사막에 견딜 수 있도록 적응하였으며 얼굴과 배에 검은 무늬가 있다. 이런 환경에서 생물들이 적응하면서 살아가는 모습을 보면서 생명에 대한 무한한 경외감이 든다.

점심 식사 후 더위를 피하기 위해 충분히 휴식을 취하고 오후 5시에 세스리엠 캐니언(Sesriem Canyon)을 답사하기 위해 출발했다. 출발한 지 얼마 되지 않아 모래 언덕에 지름이 몇 십 센티미터 크기의 원이 여기저기에 그려져 있었다. 일명 '요정의 원(fairy circle)'이라고 부르는데 생성 원인에 대하여는 아직도 명확하게 밝혀지지 않았다고 한다. 최근에 발표된 학설에 따르면 원의 아래에 개미와 같은 곤충이 살고 있으며 이 곤충이 뿌리들을 먹어치우면서 생겼다고 한다.

다리가 긴 타조 한 쌍이 사막을 걷고 있다. 워낙 키가 커서 웬만한 거리에서도 쉽게 눈에 띄는데 깃털이 검은 것이 수컷이고 약간 회색빛이 도는 것이 암컷이라고 한다. 타조는 특별히 둥지가 없고 아무 곳에

○ 한낮에 사막을 걷고 있는 오릭스

○ 세스리엠 캐니언 가는 길

○ Fairy circle

○ 타조

○ 톰슨가젤

○ 새끼를 돌보고 있는 누

서나 나그네처럼 그때그때 형편에 맞게 잠을 잔다고 한다.

사막 한가운데에 2013년 캄보디아의 프놈펜에서 이곳 나미브 사막을 세계자연유산으로 지정한 기념비가 서 있다. 산 아래 갈대로 지붕을 덮은 군 막사 같은 로지가 보인다. 정부에서 운영하는 막사라고 한다. 한참을 달려서 나무가 많은 산 아래가 보이는 곳에서 잠시 차를 세웠다. 몇 마리의 톰슨가젤들이 한가롭게 풀을 뜯고 있다. 앞으로 조금 나아가니 새끼 누가 어미젖을 먹는 모습이 보였다. 어미는 검은색 털로 덮여 있는데 새끼는 아직 회색 털로 덮여 있다.

드디어 세스리엠 캐니언에 도착했다. 주변을 둘러보니 멀리 높은 산들이 병풍처럼 둘러싸고 있고 넓은 분지에는 풀들이 조금씩 자라고 있었다.

세스리엠 캐니언(Sesriem Canyon)

세스리엠 캐니언은 차우차브(Tsauchab)강의 침식작용으로 만들어졌으며 길이는 약 1㎞, 깊이는 약 30m 정도이다. 계곡의 양옆으로 아래부터 역암, 사암, 이암층이 퇴적된 순서대로 층을 이루고 있다. 'Sesriem'은 아프리칸스어로 'Six belts'라는 뜻으로 이곳에 정착한 보어인들이 이곳에서 물을 긷기 위해 물을 담을 버킷(bucket)에 오릭스의 가죽 끈 6개를 묶었던 데에서 유래하였다고 한다. 세스리엠 캐니언은 그리 크지는 않으며 도로가에서 언뜻 보면 모래와 자갈이 섞인 역암에 개천이 생긴 것처럼 길게 지표면에서 갈라진 모습이 보인다.

안내자를 따라 계곡 쪽으로 내려갔다. 이 계곡은 3천만 년 전에 형성되었으며 몇 년 전까지만 해도 물이 흘렀다고 한다. 이곳에서 흐르는 물이 마지막으로 도달하는 곳이 소수스블레이라고 한다. 몇 년간 가물

○ 세스리엠 주변의 사막

○ 세스리엠

○ 세스리엠 캐니언 주변의 모습

○ Rock corkwood

○ 세스리엠 캐니언

323

어서 이제는 바닥이 완전히 메말라 물기는 흔적조차 없었다. 수십 미터의 절벽을 보면 맨 아래층이 이암, 중간에 역암층이 시간의 결로 나타나고 오랜 세월 강물이 흐르면서 이 역암층을 침식시켜 오늘날과 같은 계곡이 형성된 것이다.

계곡의 양옆 절벽의 구멍에는 새들이 둥지를 틀고 절벽에는 새똥이 흘러내린 모습이 보이며 바닥에는 다른 동물들에 잡아먹힌 새들의 깃털들이 흩어져 있었다. 서쪽으로 기우는 태양으로부터 뿜어져 나오는 햇살이 기울어져 컴컴한 계곡의 깊숙한 곳까지 비춰 주고 있다.

한참을 안으로 들어가니 커다란 바위가 길을 막고 있었다. 안내자의 말로는 바위 너머 모래바닥 속에 물고기가 살고 있어 최근에 바닥을 파고 고기를 잡았다고 하며, 비가 오면 다시 밖으로 나온다고 하는데 잘 믿어지지 않았다.

차에 올라 숙소를 향한다. 기울어진 저녁 햇살이 산에 진한 명암을 그려 놓았다. 숙소 근처 마른 강 언덕 위에서 찬란한 황금빛을 듬뿍 받으면서 와인을 마시며 붉은 사막의 즐거웠던 답사를 마무리하였다.

ㅇ 나미브 사막

○ 나미브 사막의 석양

○ 숙소 주변의 밤하늘

○ 나미브 사막

○ 20일째 날(1월 25일)

빈트훅(Windhoek)으로

사막의 아침은 고요하고 선선하다. 오늘은 일찍 아침 식사를 마치고 나미비아의 수도인 빈트훅까지 버스로 이동해야 한다. 빈트훅은 나미비아의 수도로서 나미비아의 중심부에 자리 잡고 있으며, 평균고도는 1,654m이다. 오렌지강으로부터 북쪽으로 650㎞, 남아프리카공화국 케이프타운에서 북쪽으로 1,225㎞ 정도 떨어져 있다. 도시 주변은 건조하고 비가 적지만 구릉지대가 원형으로 둘러싸고 있어 건조열풍의 피해를 막아 준다.

산족과 코이코이족이 최초로 이곳에 정착했으며, 1890년에 독일 정부가 이 도시의 소유권을 주장했고, 1차 세계대전에서 독일이 패하자 1915년에는 남아프리카연방(남아프리카공화국 전신, 1910년~1961년) 군대가 이곳을 점령하였다. 빈트훅은 나미비아의 대표적 상업 중심지로 알려져 있으며, 이 나라의 주요항구인 월비스베이와 남아프리카공화국으로 이어지는 도로 및 철도가 부설되어 있다. 또한 나미비아에서 최초로 빈트훅에서 스와코프문트 사이에 철도가 건설되었다.

새벽잠에서 갓 깨어난 붉은 빛이 감도는 아침 햇살이 사막에 스며든다. 짐승들이 잘라먹고 남은 누런 풀들의 밑동이 마치 벼를 베고 남은 흔적처럼 사막에 펼쳐져 있었다. 저 멀리 있는 높은 산에도 구석구석 햇살이 배어든다. 아침 일찍 잠에서 깬 동물들이 먹이를 찾아 부지런히 움직이고 있다. 아주 작은 동물들의 움직임도 눈에 잘 띌 정도로 사막에 동물이 너무 적다.

　30분 정도 달려서 잠시 세스리엠(Sesriem) 휴게소에 도착했다. 세스리엠(Sesriem)은 휴게소, 주유소, 숙소, 캠핑장 등을 갖추고 있으며 나미브 사막을 여행하는 데 있어서 전초 기지 역할을 하는 곳이다. 우리는 C19 로드를 달리다 솔리타이레(Solitaire)에서 C14 로드로 접어들어 이틀 전에 오던 방향과 반대 방향으로 달리고 있다. 나우클루프트산 국립공원(Naukluft Mountain Zebra Park)을 지난다. 흰 구름을 품은 푸른 하늘 아래 부드러운 햇살을 받은 산들은 명암의 대조가 더욱 뚜렷하고 대지는 가냘픈 이슬을 걷어낸 채 더욱 선명하게 모습을 드러낸다. 산마다 주변 대지와 제각각의 독특한 모습을 연출하여 사막의 단순함이 줄 수 있는 지루함을 잊게 해 준다.

　아카시아 나무의 줄기에 집단베짜기새의 집이 금방이라도 쏟아질 듯이 위태롭게 매달려 있다. 길옆으로 스치는 커다란 아카시아 나무에는

○ Sweet thorn 아카시아   ○ 사막의 다양한 모습들

○ 빈트훅의 전경

○ 빈트훅의 모습들

거의 대부분이 커다란 새집 하나씩은 기본으로 달고 있다. 앞으로 달릴수록 나무도 많아지고 바닥에 풀도 많아져 조금은 풍요로운 느낌이 든다. 사실 이곳도 나미브 사막에 속하지만 지역에 따라 식물의 생태가 조금씩 다른 것이다. 11시 30분이 지나 레오보스에 도착하여 잠시 쉬었다.

길을 재촉하여 1시가 넘어 빈트훅에 도착하였다. 식당에 들어서니 다양한 옛날 물건들로 장식하여 무척 고풍스럽게 느껴졌고, 안으로 들어서니 소시지 모양의 장식이 주렁주렁 매달려 있었다. 소시지가 연상시키듯 점심 요리로 나온 고기의 양이 너무 많아 배를 채우고도 많이 남았다. 점심 식사 후 국회의사당으로 향했다.

국회의사당(Tintenpalast)

1913년부터 독일식민정부청사로 사용했으나 독일이 1차 세계대전에서 패함으로써 남아프리카연방 정부가 나미비아를 지배하면서 이 건물도 남아프리카연방 정부의 손으로 넘어갔다. 'Tinten'은 독일어로 잉크(ink)라는 뜻이며, 새 건물이 들어서면서 관리들이 일을 하려면 잉크를 많이 사용할 것이라는 예측에 따라 '잉크 궁전'이라는 이름이 붙었다고 한다. 남아프리카연방이 인수하여 정부 건물로 사용하다가 현재는 나미비아 국회의사당이 되었다. 현재 국회의원은 110명이고 그 아래에 있는 Nation Council은 28명으로 구성되며 국회에서 발의된 법안을 심사하여 대통령에게 보고한다고 한다.

국회의사당 계단 아래에는 나미비아의 독립을 위해 힘쓴 호세아 쿠타코(Hosea Kutako), 테오필루스 하무툼방겔라 신부(Reverend Theofilus

Hamutumbangela), 헨드릭 사무엘 위트보이 대장(Captain Hendrik Samuel Witbooi)의 동상이 있다. 발길을 돌려 나미비아 독립기념관으로 향했다.

○ National Council 건물

○ 국회의사당

독립기념관

○ 독립기념관과 삼누조마의 동상

　북한의 만수대창작사가 2014년 건설한 것으로 건축비로 약 1,600만 달러가 들었다고 한다. 계단을 오르면 건물 입구에 초대 대통령을 역임한 삼누조마(Sam Nujoma)의 동상이 서 있다. 안에는 나미비아 독립을 위한 남서아프리카인민기구(SWAPO) 등을 비롯한 각종 단체의 무장 활동과 독일군에 의한 헤레로족 학살, 나미비아 독립을 위한 공산주의 국가들의 지원 등에 대한 기록 사진 등이 전시되어 있다. 특히 눈에 띄는 것은 삼누조마(Sam Nujoma)가 무장 투쟁을 벌일 당시 든든한 지원자였던 쿠바의 피델 카스트로와 대통령에 당선된 후 평양을 방문하여 북한의 김일성과 찍은 사진이다. 무장 투쟁을 벌일 당시 나미비아의 반

○ 호세아 쿠타코와 피델 카스트로　　　　　○ 삼누조마 대통령과 김일성

군이 소련을 비롯한 북한, 쿠바 등 공산주의 국가들로부터 지원을 받자 미국은 이 지역의 공산화를 우려하여 남아프리카공화국을 지원하였으며 또 다른 동서 냉전이 이곳 서남아프리카에서 벌어지게 되었다.

나미비아의 독립

1884년부터 독일의 식민지였던 남서아프리카 지역은 세계 제1차 대전에서 독일이 패함으로써 지배권이 남아프카연방으로 넘어가 1920년 남아프리카연방의 관리하에 국제연맹의 위임 통치를 받게 되었다. 제2차 세계 대전 이후 국제연맹이 붕괴되자 남아프리카연방은 이를 이

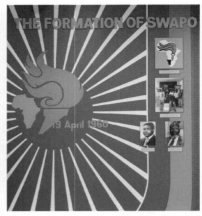

○ 호세아 쿠타코 　　　　　　　　 ○ SWAPO 결성 포스터

용하여 남서아프리카에 대한 강제 합병을 하였고 나미비아에서도 흑인
들에 대한 인종분리정책인 아파르트헤이트(Apartheid)를 적용시켜 원주
민들을 지배하였다.

　이에 대해 UN은 남아프리카연방에 남서아프리카를 UN의 신탁통
치령으로 하여 원주민들에 대한 자치권을 보장할 것을 촉구하였으나
남아프리카연방은 이를 무시하고 남서아프리카를 지배하였다. 이러한
남아프리카공화국의 처사에 원주민들이 불만을 품고 격렬하게 저항하
였으며 1962년 삼누조마(Sam Nujoma, 나미비아 초대 대통령)를 의장으로 하
는 남서아프리카인민기구(SWAPO)를 조직하여 강력하게 저항하였다.

　그러자 남아프리카공화국은 SWAPO를 불법단체로 규정하고 탄압
하였으며 SWAPO는 이러한 탄압에 맞서 1966년 무장 게릴라 활동을
전개하였다. 이 과정에서 앙골라를 비롯하여 소련을 중심으로 한 북
한, 쿠바 등 공산주의 국가들의 지원을 받으며 남아프리카공화국과
SWAPO 간의 치열한 전투가 벌어지게 되었으며, 이러한 와중에 남

서아프리카의 많은 원주민들이 잔혹하게 고문당하고 무참하게 학살되기도 하였다. 결국 UN의 중재하에 1968년 SWAPO는 나라 이름을 'Namibia'로, 또한 독립 전쟁 기간 중 SWAPO를 나미비아의 정식 대표로 승인하였다.

1978년 UN은 나미비아에서의 UN 감시하에 국민투표를 실시하고 남아프리카공화국의 나미비아 지배를 불법으로 선언하였다. 이러한 국제사회의 압력과 SWAPO 게릴라들의 저항에도 불구하고 남아프리카공화국은 나미비아에 대한 지배권을 포기하지 않았으며 나미비아를 백인들이 통치하는 국가로 독립시키겠다는 협상안을 내놓았다. 이에 UN과 미국, 영국, 캐나다, 서독 등의 서방국가들이 나서서 남아프리카공화국을 설득하고 나미비아의 독립에 관한 협상이 시작되었으나 협

○ 선서하는 초대 대통령 삼누조마

상 기간에도 양측 간의 치열한 전투는 계속되었다. 결국 1988년 11월 나미비아를 흑인국가로 독립시킬 것을 약속하였고, 이에 따라 1989년 4월 SWAPO와 남아프리카공화국 간의 정전협상이 체결되었다. 이로써 24년간 지속되었던 전쟁이 끝이 나고 1990년 3월 21일 아프리카에서 53번째로 신생독립국가인 '나미비아(Namibia)'가 탄생되었다.

독립기념관을 둘러보고 언덕 아래에 있는 루터 교회(Christuskirche)로 향했다. 이 교회는 높은 곳에 위치해 있어서 빈트훅의 시내에서도 아주 잘 보인다. 1907년 독일 사람들이 지은 붉은색 지붕의 아르누보 요소가 가미된 고딕 양식의 건물로, 빈트훅에서 오래된 건물 중의 하나로 꼽힌다고 한다.

교회 안으로 들어가니 규모는 크지 않지만 빌헬름 2세가 보내 준 유리로 만든 스테인드글라스를 비롯하여 내부가 말끔하게 잘 정리되어 무척 산뜻한 느낌이 들었다. 한쪽 벽에는 나미비아 사람들과 싸우다 죽은 1천여 명의 독일 병사들의 이름이 새겨진 동판이 걸려 있다. 독립을 위해 독일과 맞서 싸운 원주민들은 셀 수 없을 정도로 훨씬 더 많은데 그들에 대해서는 어떤 언급도 없다. 진정 역사의 기록은 인간의 양심과 정의와는 거리가 먼 것인가?

다시 발길을 옮겨 빈트훅 기차역으로 향했다. 이곳은 현재 역으로 이용되고 있으며, 대합실이나 주변에 오래된 기관차와 기타 철도 관련 사진이나 장비 등을 전시하는 박물관으로 관광객들에게 공개되고 있다. 역사 건물은 독일풍의 건물로 1907년 빈트훅에서 스와프문트까지 나미비아에서 최초로 철도를 건설할 때 지은 역사(驛舍)라고 한다. 역사 안으로 들어가니 무척 한산하고 조용한 시골 역 같은 느낌이 든다.

기차역에서 멀지 않은 곳에 역사박물관이 있다. 이곳은 과거 독일이
만든 요새를 개조하여 박물관으로 사용하고 있으며 안에는 특히 헤레
로족의 학살에 대한 기록 등이 많이 전시되어 있다.

○ 루터 교회

○ 빈트훅 역과 전시물

'나마쿠아 헤레로족' 대학살

○ 독일군의 나마쿠아 헤레로족 나마족 대학살 추모 조형물

독일은 1884년부터 서남아프리카(현재의 나미비아)를 비롯하여 카메룬, 탄자니아 등을 식민지화하여 흑인들에게서 빼앗은 토지를 본국에서 이주한 독일 사람들에게 나누어 주는 등 원주민들을 가혹하게 탄압하였다. 이에 나마쿠아 지역에서 주로 살았던 헤레로족이 1904년 독일인 거주 지역을 습격하여 독일인 123명을 살해하였으며 이듬해 나마족도 저항운동에 동참했다.

독일 황제 빌헬름 2세는 로타 본 트로타(Lothar von Trotha) 장군을 사령관으로 임명하여 1만 4천 명의 병사를 파견하여 반란을 진압하도록 하였다. 반란군은 적수가 되지 못함을 파악하고 항복하였으나 트로타는 독일 점령지 내의 모든 헤레로족은 무장 여부와 남녀노소를 가리지 말고 모조리 죽이라고 명령하였다. 이때 살해된 헤레로족의 두개골을 베를린의 과학자들에게 보냈다고 한다. 1904년부터 시작되어 4년간 계속된 대학살로 약 7만 5천 명의 헤레로족과 나마족 사람들이 살해된 것으로 추정하고 있다.

빈트훅에는 고층 건물이 많지 않고 거리가 잘 정돈되어 깨끗하여 마치 유럽의 어느 작은 도시에 와 있는 듯한 느낌이 든다. 더구나 남아프리카공화국의 식민지를 겪은 탓에 대부분 영어 간판으로 되어 있어서 영어권 사람들에게는 무척 친숙하겠다는 느낌이 들었다. 독립을 쟁취하기 위해 남아프리카공화국과 20여 년간 많은 희생을 치르면서 전투를 치렀지만 독립 후에도 특히 경제적으로 완전하게 독립하지 못하고 남아프리카공화국에 대한 의존도가 지나칠 정도로 높기 때문에 남아프리카공화국과 운명적 연대를 유지할 수밖에 없다고 한다.

Part

06

남아프리카공화국

○ 21일째 날(1월 26일)

오늘은 나미비아를 출발하여 마지막 여정인 남아프리카공화국을 향해 출발하는 날이다. 비행기 시간에 맞추기 위해 새벽 4시에 일어나 5시에 도시락을 배급받고 급한 대로 식사를 마친 후 공항으로 향했다. 공항 대합실에 적힌 'They call it Africa. We call it home.(그들은 이 땅을 아프리카라 부른다. 우리는 이곳을 집이라 부른다.)'이라는 문구가 마음에 와 닿는다.

수속을 마치고 비행기에 올라 아프리카의 남쪽 끝에 있는 케이프타운을 향해 남동 방향으로 날아간다. 하늘에서 바라보는 나미비아는 대부분이 사막 지역이다. 녹색의 대지는 가뭄에 뜯겨 나간 상처가 되어 작은 짐승도 몸을 숨길 수 없을 정도로 황량한 느낌이 든다. 언제 물이 흘렀는지 모를 황토색의 구불구불한 마른 강이 너무나 절박하게 보인다. 이제 녹색은 점점 더 줄어들고 불타는 갈색의 대지는 미라처럼 골골이 잔주름이 져 있고 되돌릴 수 없는 폐허처럼 변해 버렸다.

사막이 끝없이 이어지다가 케이프타운에 가까이 오면서 갑자기 다른 세상이 펼쳐진다. 빈약한 초원이 시야에서 사라지고 잘 정리된 녹색의 농경지가 모습을 보이면서 마치 신세계에 들어온 것과 같은 착각이 들 정도로 풍요가 느껴진다. 선입견 때문인지 몰라도 남아프리카공화국은 자연환경이나 관리에 있어서도 나미비아와는 무엇인가 비교할 수 없을 정도로 차이가 느껴졌다. 산 아래 펼쳐진 넓은 평야와 그곳에 자리 잡은 마을들을 보면서 순간 '이런 곳이 낙원이 아닐까?' 하는 생각이 들었다. 멀리 테이블마운틴 위에 흰 구름이 걸쳐 있고 그 앞에 테이블만(Table Bay)의 푸른 바다와 아름다운 케이프타운이 눈에 들어온다.

○ 케이프타운 외곽의 모습 ○ 케이프타운(중앙에 테이블마운틴)

남아프리카공화국

　　남아프리카공화국은 아프리카 대륙 가장 남쪽에 위치해 있으며 면적은 약 122만 ㎢에 인구는 약 5천 7백 40만 명 정도(2018년 통계)이다. 공용어로는 영어와 아프리칸스어와 줄루어 등을 사용하며, 종교는 대부분 기독교를 믿는다. 1875년 프랑스에서 건너온 위그노(프로테스탄트)

들이 아프리칸스어의 문법을 처음 만들었다고 한다.

동쪽은 인도양, 서쪽은 대서양과 면하며 국토의 대부분이 해발 900~1,200m의 고원 지대로 생활하기에 좋은 아열대성 기후이며 동부 지역이 서부지역에 비해 기온도 높고 강수량도 많은 편이다. 따라서 강수량이 많은 동부 고원에서는 기름진 목초지와 이 지방 특유의 관목, 삼림지가 펼쳐져 있으나, 서쪽으로 가면서 강수량이 적어 동부에 비해 초원과 숲의 발달이 미약한 편이다. 동쪽 지역이 서쪽에 비해 높은 동고서저형이며 몇 개의 만(灣)과 곶(串)을 제외하면 대부분의 해안이 단조로운 편이다.

주요 하천으로는 국토의 중앙부를 동서로 횡단하며 나미비아와 경계를 이루고 대서양으로 흘러가는 오렌지강(길이 2,092㎞)이 있다. 수도는 행정수도인 프레토리아(Pretoria), 입법수도인 케이프타운(Cape Town), 사법수도인 블룸폰테인(Bloemfontein) 세 곳으로 분리되어 있다.

흑인이 약 80%, 백인이 약 9.2%, 그밖에 혼혈인(컬러드, colored)과 인도인을 포함한 아시아인 등으로 구성된다. 최다수 원주민인 줄루족은 19세기 초에 전설적인 샤카 줄루(Shaka Julu, 1787~1828) 왕이 통치하던 때 오늘날의 남아프리카공화국의 대부분을 정복하여 강력한 제국을 건설하였다. 줄루족은 마사이족과 함께 아프리카에서 매우 용맹했던 부족으로 잘 알려져 있다.

1815년 영국은 보어인(남아공의 네덜란드인)들이 개발한 케이프식민지를 점령하였으며 이후 막강한 군사력을 바탕으로 보어인들을 몰아내고 그들이 개발한 지역을 차지하려고 끊임없이 전쟁을 벌였다. 점점 북쪽으로 이동하던 보어인들은 줄루족을 몰아내고 나탈 지역에 정착하였으나 1843년 영국은 다시 이 지역을 공격하여 식민지화하였다. 보어인들은 또다시 북쪽으로 이동하여 1852년 트란스발(Transvaal)공화국, 1854년 오렌지자유국(Orange Free State)을 건설했다. 1870년 무렵 오렌지자유국의 킴벌리에서 대규모 다이아몬드가 발견되자, 1871년 킴벌리를 영국의 영토로 선언하였으며 1880년 케이프식민지로 합병하였다.

1877년 트란스발을 합병한 영국은 보어인들에게 억압과 많은 고통을 안겨 주었으며 결국 이것이 도화선이 되어 1880년 1월 무장한 300명의 시민들이 영국군을 공격하여 승리를 거두었는데 이를 '1차 보어전쟁'이라고 한다.

이후 영국은 트란스발공화국에 자치권을 부여하였으나 1886년 요하네스버그 근처에서 대규모 금맥이 발견되자 막대한 금을 차지하기 위해 트란스발의 북쪽 지역(오늘날의 잠비아와 짐바브웨)을 식민지화하여 보어인들을 사면에서 압박하였다.

오렌지자유국과 트란스발공화국은 영국의 이러한 압박에 강력하게 반발하였으며 1899년 영국과 보어인들이 세운 두 나라 간에 대규모 전투가 벌어졌다. 영국은 남아프리카연방에 주둔하고 있던 50만 명의 군사력을 앞세워 국제사회의 비난에도 불구하고 1899년 10월 9만 명의 병력을 지닌 보어인들을 공격하기 시작하였다. 이것이 이른바 1차 세계대전 직전에 발발한 가장 규모가 큰 국제전으로 알려진 '보어 전쟁(Boer War, 또는 South African War)'이다. 군사력에서 크게 열세에 있던 보어인들은 결국 병력과 무기의 열세를 극복하지 못하고 1902년 5월 평화협정을 체결함으로써 영국의 승리로 끝이 났다.

1902년 보어전쟁이 영국의 승리로 끝나자 아프리카연방은 보어인이

○ 남아프리카연방

세운 오렌지자유국과 트란스발공화국을 합병하여 영국의 식민지로 만들었다. 과거 영국과 네덜란드 간에 벌어졌던 보어전쟁으로 인해 두 나라 사람들 간에는 지금도 별로 사이가 좋지 않다고 한다.

1910년 영국은 새로운 헌법을 통과시켜 케이프식민지, 나탈, 오렌지자유국과 트란스발공화국 이 네 지역을 하나의 나라로 통합하여 오늘날의 남아프리카공화국의 전신인 남아프리카연방을 구성하였으며 1961년 영국으로부터 독립하였다.

아파르트헤이트(Apartheid, 인종분리정책)

백인들로 구성된 남아프리카연방 정부는 영국과 미국 등 서방 세계의 묵인하에 흑인들을 비롯한 유색인종을 멸시하고 강압적으로 지배하기 시작하였다. 특히 남아프리카연방이 미국과 영국이 주축이 된 연합군을 지원했던 점을 인정하여 이곳에서 벌어지는 끔직한 인종차별정책에 대해 비판하지 않았다.

1948년 국민당이 정권을 잡으면서 인종을 엄격하게 분리하여 백인들의 정치적 통치를 강화하고 백인 중심의 국가를 만들기 위하여 비인도적인 아파르트헤이트를 시행하였다. 아파르트헤이트의 주요 내용을 살펴보면, 혼합 결혼 금지법을 제정하여 백인이 다른 유색인종과 결혼을 금지했고, 더 나아가 부도덕 법을 제정하여 백인과 다른 인종과의 불법적인 성관계를 범죄로 규정하였으며, 인종등록법을 만들어 16세 이상의 남아프리카 국민은 인종정보가 명시된 신분증을 소지토록 하였으며, 집단지구법을 시행하여 인종별로 사는 지역을 분리하였다. 통행법으로 흑인들의 백인 거주지역의 통행을 제한하고 이동할 때 통행증을 가지고 다녀야 했으며 소지하지 않았을 경우에는 범죄인으로 체포되어 노역형에 처해지기도 하였다.

이외에도 분리시설법을 만들어 인종별로 시설을 분리하여 이용하도록 하였는데, 같은 공공기관에서 인종에 따라 이용하는 입구가 달랐으며 도서관이나 유흥 장소에서도 분리정책이 시행되었다. 또 교회에서 함께 예배를 볼 수 없었고, 백인과 흑인 간에 벌어지는 경기는 열릴 수 없었으며 흑인이 운전하는 차에 백인이 타지 않았다. 심지어 응급상황이라도 백인들은 흑인 앰뷸런스를 이용하지 않았을 정도였다고 한다.

이러한 정책에 대하여 맞서 싸운 대표적인 조직으로 아프리카민족회의(ANC), 범아프리카회의(PAC), 아프리카민족회의(ANC)의 군사조직인

'국민의 창'을 들 수 있다. 1962년 넬슨 만델라가 백인정부에 체포된 후에도 저항운동은 계속되었고 남아프리카공화국 정부의 탄압도 날로 심해졌다. 아파르트헤이트에 대한 흑인들의 투쟁이 날로 거세지고 미국, 영국을 중심으로 한 서방국가들이 강하게 비난하며 경제제재를 가하자 남아프리카공화국의 백인정부는 아파르트헤이트 폐지에 대해 심각하게 고민할 수밖에 없었다.

1989년 대통령에 당선된 국민당의 프레데릭 빌헤름 데 클레르크 (Frederik Willem de Klerk)는 넬슨 만델라를 포함한 정치범들을 석방하고 정치활동을 보장하였으며 넬슨 만델라와 협상을 벌여 인종간의 차별을 없애고 평등을 보장하는 헌법을 만들기 위한 국민투표를 실시하기로 합의하였다. 1994년 4월 모든 인종이 참여하는 첫 민주선거가 실시되었고, 압도적인 표차로 아프리카민족회의가 집권당이 되었다. 비로소 80년 이상 흑인과 유색인종을 차별하고 괴롭혔던 아파르트헤이트가 폐지되고 넬슨 만델라가 대통령이 되어 흑인 중심의 정부가 탄생한 것이다.

넬슨 만델라는 분열된 나라를 통합하기 위해 부통령으로 백인과 흑인을 각각 한 명씩 임명하였으며 인종 간, 부족 간 화합을 상징하기 위하여 국기도 새로 만들었다. 넬슨 만델라는 1999년 임기를 마치고 그의 후임인 음베키 대통령이 아파르트헤이트를 종식시켰다.

케이프타운 국제공항에 도착하여 입국수속을 마치고 버스에 올라 남아공의 일정을 시작하였다. 요하네스버그에 온 교민인 안내자의 지시에 따라 일정을 바꾸어 테이블마운틴을 먼저 둘러보기로 하였다. 파란 하늘과 건조한 바람과 따끈한 햇살이 우리를 맞는다.

시내를 통과하여 흑인들이 사는 도시 외곽의 지붕과 벽을 함석으로 두른 흑인 빈민가의 뒤쪽으로 길게 병풍처럼 둘러싼 테이블마운틴이 보인다. 테이블마운틴의 날씨는 하루에도 수차례 구름이 끼고 바람이 불어 케이블카를 타고 올라가지 못하는 경우가 많다고 한다. 그래서 일정을 바꾸어 날씨가 좋은 오전에 테이블마운틴에 오르기로 하였다.

빈민가를 지나자 백인들이 사는 깨끗하고 잘 단장된 백인들의 거주 지역이 나타났다. 인종분리정책이 실시되던 때에는 흑인들은 케이프타운에 거주할 수 없었다고 한다. 케이프타운의 아름다운 모습을 보면서 산책로처럼 잘 다듬어진 숲길을 달린다. 마치 지중해에 면한 유럽의 도시처럼 잘 정돈되어 있고 숲과 바다가 잘 어우러진 천혜의 관광지라는 생각이 들었다. 오른쪽으로 우뚝 솟은 사자머리(Lion's Head)산이 우뚝 솟아 있다.

케이블카를 타기 위해 차에서 내려 도로를 따라 올라가니 많은 사람들이 길게 줄을 서 있었다. 케이프타운을 여행하는 사람들 대부분이 들러 갈 정도로 테이블마운틴은 이 도시의 상징이 되었다고 한다. 저 많은 사람들이 언제 케이블웨이(Cable Way)를 타고 산에 오를 수 있을까 은근히 걱정이 되었다.

케이프타운(Cape Town)

케이프타운은 남아프리카공화국의 입법 수도이다. 수에즈 운하가 개통되기 전에는 유럽에서 아시아로 가는 항로의 주요거점이었다. 아프리카인데도 불구하고 케이프타운 주민의 35% 이상이 백인이며, 1652년 네덜란드의 동인도 회사가 설립되면서 백인이 몰려들기 시작했다. 후에 영국의 식민지 지배의 전초기지가 되었으며 도시의 경관은 여느 유럽도시를 연상시킨다. 주변에 높은 산과 아름다운 해안이 조화를 이뤄 멋진 풍광을 자랑한다. 케이프타운은 지중해성 기후로 뚜렷한 계절이 있으며, 겨울은 춥고 비가 많이 오며, 여름은 기온이 온화하다. 도시의 남쪽으로 테이블마운틴이 있으며, 부근에 희망봉이 있다.

테이블마운틴(Table Mountain)

해발 1,086m로 맑은 날에는 200㎞ 떨어진 곳에서도 볼 수 있다고 한다. 약 4억~5억 년 전에 얕은 바다에 형성된 거대한 사암 덩어리가 융기한 후 침식 작용을 거쳐 정상이 평탄하고, 넓은 책상 모양으로 변하여 지금과 같은 형태가 되었다고 한다. 동서로 3㎞, 남북으로 12㎞ 정도 뻗어 있으며 동쪽으로는 악마의 봉우리(Devil's peak), 서쪽으로는 사자의 머리(Lion's Head)가 있다. 케이프타운의 상징인 테이블마운틴은 1488년 포르투갈 항해가인 바르톨로뮤 디아스가 유럽인으로서는 처음으로 이곳을 발견했으며, 예로부터 아프리카의 남단을 항해하는 선원들에게 이정표가 되었다.

케이프타운 시내의 남쪽에 위치해 산정에서 케이프타운 중심가, 로빈섬 등을 한눈에 내려다볼 수 있으며, 날씨가 좋은 날에는 희망봉까지 볼 수 있다. 또한 각종 희귀한 야생 식물들이 살고 있어 산 전체가 국립공원으로 지정되어 있다. 명성만큼 이름도 다양하며 몇 가지 별칭을 들면 다음과 같다.

• Hoerikwaggo – 원주민들이 부르던 이름으로 '바다의 산'이라는 뜻임.

- **Taboa do cabo** – 포르투갈의 해군제독 Antonio de Saldanha가 등정하여 '곶에 면한 산'이라는 뜻으로 이름을 지었음.
- **Mons Mensa**– 18세기 프랑스의 천문학자 Nicolas Louis de Lacaille가 이름을 붙였으며 영어의 'Table Mountain'과 같은 의미임.
- **Gift to the Earth** – 1998년 세계환경의 날(6월 5일) 넬슨 만델라가 테이블마운틴을 '지구의 선물'이라고 선언함.

이곳에서는 케이블카를 '케이블웨이(Cable Way)'라고 부른다. 해발 302m 정류장까지는 차량으로 이동할 수 있으며 현재 1929년에 설치된 케이블웨이(Cable Way)를 이용하여 정상까지 오를 수 있다. 특히 이곳의 케이블웨이는 이동하는 동안 360° 회전하면서 움직이기 때문에 오르는 동안에도 케이프타운 시내를 한눈에 볼 수 있다.

○ 케이블웨이를 타려고 기다리는 사람들

○ 케이블웨이(Cable Way)

생각보다 빠르게 줄 서 있던 사람들이 줄어들었다. 드디어 표를 받아 들고 케이블웨이에 올랐다. 케이블웨이는 360° 회전하며 한쪽은 창문이 열려 있어 더 선명하게 케이프타운을 내려다볼 수 있다. 대서양에 가깝게 면한 서쪽 방향으로 해발 669m의 사자머리(Lion's Head)에서 시작하여 아래로 내려가 테이블베이(Table Bay)에 가까운 쪽에 해발 350m의 시그널 힐(Signal Hill)이 있는데, 옛날부터 이곳에서 배가 항구로 들어올 때 대포를 쏘아 신호를 보냈다고 하며 또한 매일 12시 대포를 쏘아 시간을 알렸다고 한다. 지금도 일요일을 제외하고 12시에 대포를 쏜다고 한다.

테이블마운틴의 동쪽은 해발 1,000m의 악마의 봉우리(Devil's Peak)가 있어서 사자머리, 중앙의 테이블마운틴, 악마의 봉우리가 남쪽에서 병풍처럼 케이프타운을 감싸고 있으며 남쪽으로 12사도 봉우리가 길게

○ 사자머리와 테이블만의 로벤섬

○ 테이블마운틴에서 바라본 케이프타운

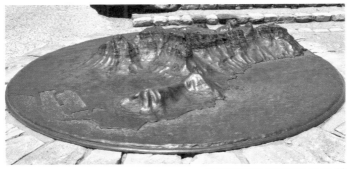

○ 테이블마운틴의 모형(앞쪽이 시그널 힐)

케이프반도 쪽으로 이어져 있다. 티끌 한 점 없이 맑은 창공을 향해 붉은색 케이블웨이가 힘차게 산의 정상을 향해 오르고 있다. 산의 대부분은 깎아지른 절벽으로 되어 있으며 간간이 등산로를 따라 산에 오르는 사람들이 보인다.

녹색의 숲속에 자리 잡은 집들과 원호처럼 부드러운 해안선을 따라 형성된 항구와 건물들이 꿈꾸듯 아름답게 펼쳐져 있다. 정상에 오르니 시원하게 확 트인 케이프타운의 전경이 한눈에 들어온다. 바로 손에 잡힐 듯이 2010년 남아공 월드컵 주경기장이 눈에 들어오고 바로 앞쪽 바다에 17세기부터 흑인 노예들을 가두었고, 1964년부터 1982년까지 넬슨 만델라가 정치범으로 18년간 복역했던 로벤섬(Robben Island)이 바다에 떠 있다. 정상에 올라 보니 이름 그대로 평평한 대지가 그대로 펼쳐져 있고 많은 식물들이 자라고 차가운 안개 속에서도 예쁜 꽃을 피웠다. 이곳은 케이프 식물 군락지의 일부로서 다른 곳에서는 볼 수 없는 야생화들을 많이 볼 수 있는 생물자원의 보고이기도 한다.

산책로를 따라 이동하면서 조금씩 달라지는 케이프타운의 모습과 테이블마운틴의 경치를 감상하였다. 가방을 내려놓고 그 위에 수신기를 올려놓은 채 사진을 찍고 와 보니 수신기가 없어졌다. 잠깐 사이 바로 눈앞에서 누군가 혹시 돈이 될까 봐 슬쩍 집어 간 것이었다. 안내자의 설명에 따르면 이곳 사람들은 남의 물건에 손을 잘 대며 혹시 들키더라도 잠시 빌려 가는 것이라고 둘러대거나 여유 있는 사람의 것을 가져가는 것이기 때문에 별로 죄의식을 느끼지 않는다고 한다.

갑자기 남쪽에서 침략군처럼 무섭게 구름이 몰려온다. 남극에서 형성된 찬 공기가 이곳으로 몰려드는 것이라고 한다. 차가운 하얀 구름

○ 바위너구리 Rock dassie(*Procavia capensis*) 바위너구리과　○ 붉은 크라슐라 Red Crassula(*Crassula coccinea*) 돌나물과

○ 왓소니아 Watsonia(*Watsonia tabularis*) 붓꽃과　　　　○ 에리카 Erica(*Erica plukenetii*) 에리카과

○ 에리카 Erica(*Erica abietina*) 에리카과

이 산 정상을 덮어 버리고 순간적으로 앞사람의 모습도 짙은 안개 속으로 사라져 버렸다. 고도가 낮은 테이블마운틴에 구름이 잘 생기는 이유는 바닷바람에 실려 온 공기가 빠르게 상승하면서 온도가 낮아지고 이때 수증기가 물방울이나 얼음알갱이로 변하면서 구름이 형성되기 때문이다.

이러다 길을 잃거나 엉뚱한 곳으로 향하면 언제든지 큰 사고가 발생할 수 있을 것이라는 생각이 들었다. 이상하게도 짙은 안개 속에 있는데도 마치 무엇에 홀린 것 같이 몸에는 물기가 없이 이슬방울도 남기지 않고 몸을 한 번 휘감고 사라진다. 한 바퀴 둘러보고 다시 처음의 전망대 부근에 도착하여 다른 쪽을 바라보니 새하얀 구름이 산을 넘어 산 아래 마을과 해안까지 내려 덮치고 있었다.

우리가 오면서 보았던 구름 때문에 더 이상 테이블마운틴에 오를 수

◦ 테이블마운틴 정상의 대피소

◦ 남쪽에서 테이블마운틴을 넘는 구름

◦ 흰 구름에 덮인 테이블마운틴

없고 산에 있는 사람들을 하산시키기 위해 케이블웨이를 운영한다고 한다. 케이블웨이를 타고 내려오면서 바라보니 흰 식탁보가 덮인 것처럼 하얀 구름이 산 정상을 포근히 덮어 버렸다. 버스를 타고 테이블마운틴과 케이프타운을 보면서 식당으로 향했다. 점심 식사 후 언덕에 위치한 보캅 마을로 향했다.

보캅 마을(Bo Kaap Village)

'보캅'이라는 말은 아프리칸스어로 '높은 언덕'이라는 뜻으로, 300년 전 네덜란드 통치 시대 때 만들어졌다고 한다. '말레이 쿼터'라고 불리는 이 마을은 네덜란드가 1652년 동인도 회사를 세우면서 케이프타운 건설을 위해 인도, 말레이시아, 인도네시아 등에서 노동자를 데려와 처음 조성되었으며 지금은 그 후손들이 살고 있다. 대부분 무슬림이 많이 살고 있어서 모스크를 볼 수 있다. 또한 작은 박물관도 있어서 이곳에 살던 말레인들의 문화와 역사, 생활양식을 알아볼 수 있다. 인종분리정책(Apartheid)이 폐지되자 해방의 기념으로 강렬한 원색으로 건물을 칠했다고 한다.

마을의 규모는 그리 크지 않으며 파스텔 톤의 다양한 색으로 단장한 건물들이 산뜻하면서도 무척이나 예쁘다. 머리에 꽃을 달고 예쁜 드레스를 입은 아가씨들이 화려하게 채색한 집 앞에서 기념촬영을 하고 있다. 수백 년 전 수만 리 타향에서 학대와 설움을 받고 살았던 사람들의 아픔이 이제는 아름다운 빛깔로 승화되어 더 진한 감동으로 전해지는 것 같았다. 푸른 하늘을 덮은 하얀 솜털 같은 흰 구름과 진한 색깔로 예쁘게 칠한 건물들이 한 폭의 그림처럼 아름답다. 차에 올라 워터

○ 보캅(Bo Kaap) 마을

프런트로 향했다.

워터프런트(Water Front)

워터프런트는 '물가나 연안' 등을 뜻하는데, 여기서는 큰 강이나 바다, 호수 등과 접하고 있는 도시의 공간을 의미한다. 즉, 도시 속에 존재하는 자연을 말한다. 많은 경우에 있어서 워터프런트는 레크리에

이션이나 레저를 즐길 수 있는 공간으로 이해할 수 있다.

케이프타운의 대표적인 관광명소인 워터프런트는 빅토리아항(Victoria wharf) 주변에 들어선 광장과 건물들, 오락시설, 음식점 카페 등이 있어 아름다운 항구와 멀리 테이블마운틴까지 감상할 수 있는 곳이다. '이곳이 아프리카인가?'라는 의문이 들 정도로 마치 유럽의 어느 항구에 와 있는 듯한 착각에 빠지게 할 만큼 아름다운 곳이다. 이곳을 둘러보는 것이야말로 아프리카 여행에서의 또 다른 즐거움을 선사한다.

항구의 입구에 남아프리카공화국 출신으로 노벨 평화상을 수상한 앨버트 루톨리(Albert Luthuli), 데스몬드 투투(Desmond Tutu), 요하네스 데 클레르크(Johannes de Klerk), 넬슨 만델라(Nelson Mandela)의 동상이 있다.

앨버트 루톨리(Albert Luthuli, 1898~1967)는 교사이자 추장이었으며, 아프리카 민족회의(ANC) 의장, 인종분리정책인 아파르트헤이트(Apartheid)

○ 남아공 국기 있는 방향으로부터 앨버트 루톨리, 데스몬드 투투, 요하네스 데 클레르크, 넬슨 만델라

에 반대하였으며 온건하고 비폭력적인 노선을 견지하며 반대파와 인종을 초월하여 포용하였다. 아프리카인으로는 최초로 1960년 노벨평화상을 수상하였다.

데스몬드 투투(Desmond Tutu, 1931~)는 1975년 흑인으로는 최초로 요하네스버그 세인트메리 대성당의 주교가 되었으며 이후 케이프타운 성공회 대주교로 활동하면서 '진실과 화해위원회(Truth and Reconciliation Commission ; TRC)' 의장을 맡아 과거 남아프리카공화국에서 벌어졌던 불행한 과거를 청산하고 서로 화합하여 새로운 국가 건설을 위해 노력하였다. 반아파르트헤이트 운동 및 인권운동으로 1984년 노벨 평화상을 수상하였으며 1994년 흑인정부가 들어선 이후 남아공의 모든 인종들의 평화적 공존을 위해 '무지개 국가(Rainbow Nation)'를 주창하여 인종을 뛰어넘어 서로 화합하고 공존할 수 있는 국가를 만들고자 힘썼다.

프레데릭 데 클레르크(Frederik Willem de Klerk, 1936~)는 1989년 국민당이 9월 총선에서 승리함으로써 대통령이 되었으며 1994년까지 아파르트헤이트의 마지막 대통령으로, 당선 직후 남아공의 완전한 민주주의 정착을 선언하면서 공공시설분리법 철폐 등 인종분리정책(아파르트헤이트)을 완화하였다. 그리고 수감 중이던 넬슨 만델라를 포함한 흑인 지도자들과 지속적인 협상을 벌여 1990년 2월 넬슨 만델라의 무조건 석방과 비상사태의 부분적인 해제, 정치범의 석방, 아프리카민족회의(ANC)의 합법화 등 혁명적 조치를 단행하였다. 1992년 3월 백인들을 상대로 백인권력독점체제의 종식을 포함한 개혁안을 묻는 국민투표를 실시하여 68.7%의 지지를 얻어 냄으로써 흑인들에 대한 정치 참여 등을 골자로 추진되어 온 '개헌논의의 정당성'을 획득하였으며, 그 결과 1994년 5

월 남아프리카공화국 최초의 흑인참여 자유총선거가 실시되었다. 아파르트헤이트의 종식과 남아공의 흑인들의 인권 신장과 평화를 추구하기 위한 공로가 인정되어 1993년 노벨 평화상을 수상하였으며, 1994년 넬슨 만델라 정부에서 백인을 대표하여 부통령직을 맡았다.

넬슨 만델라(Nelson Mandela, 1918~2013)는 템부(Thembu)족 족장의 아들로 태어났으며 1951년부터 인도의 마하트마 간디가 주창했던 비폭력 운동을 벌여 인종분리정책인 아파르트헤이트(Apartheid)에 적극적으로 반대하여 흑인 인권 신장을 위해 투쟁하였다. 1960년 3월 요하네스버그의 샤프빌(Sharpville)에서 열린 대규모 흑인집회에서 경찰이 총격을 가하여 69명이 사망하고 수백 명이 부상을 당하는 참사가 발생하자, 넬슨 만델라는 기존의 비폭력 노선을 포기하고 무장투쟁으로 선회하게 되었다. 무장투쟁의 일환으로 1961년 6월 '국민의 창(Umkhonto we Sizwe)'이라는 비밀군대를 조직하였고, 아프리카를 전역을 돌아다니며 무장투쟁을 위한 정보를 수집하였다.

1964년 재판에서 종신형을 선고받고 복역하던 중 1990년 2월 긴 감옥 생활에서 풀려나 1991년 7월 아프리카회의(ANC)의 의장이 되었으며 이후 클레르크 백인 정부와 흑인 강경파들인 줄루족과 협상을 통하여 민주적인 선거를 실시할 수 있는 발판을 마련하였다. 이러한 공로로 1993년 프레데릭 데 클레르크 대통령과 함께 노벨 평화상을 수상하였으며 1994년 4월 남아프리카공화국 역사상 최초의 흑인 대통령으로 선출되었다.

남아프리카공화국의 인종분리정책을 반대하고 흑인 인권 신장과 평화 정착 등을 위해 헌신한 네 명의 동상이 이곳 워터프런트의 작은 광

○ 워터프런트

○ 자선공연

○ 워터프런트와 구름 덮인 테이블마운틴

○ 워터프런트

○ 2010년 남아공 월드컵 주경기장

○ 워터프런트

○ 남아공 국화인 프로테아(꽃다발 가장자리)

장에 세워져 있다. 바로 앞 항구에는 많은 배들이 정박해 있고 그 뒤로 하얀 구름이 뒤덮인 테이블마운틴이 케이프타운의 든든한 보호자처럼 버티고 있다. 오가는 사람들이 관심 있게 동상을 살펴보고 높은 뜻을 갖고 행동했던 인류의 양심 앞에 엄숙하고 진지한 모습을 보인다.

바로 옆 계단에서 머리를 길게 기른 아마추어 가수가 열정적으로 노래를 부르며 워터프런트의 정취를 한껏 높여 준다. 모자가 벗겨질 정도로 바람이 세다. 항구를 따라 많은 사람들이 줄을 지어 이어져 있고 광장에는 공연을 하는 사람들, 해비타트 봉사활동을 하는 사람들, 모두가 즐겁고 흥겨운 한때를 보내고 있었다.

○ 22일째 날(1월 27일)

○ 평등해안

캠프스 베이(Camps Bay), 후트 베이(Hout Bay)

오늘은 케이프타운 외곽에 있는 물개섬과 아프리카 서남단인 희망봉을 답사하는 날이다. 아침 일찍부터 아름다운 케이프타운의 해안선을 따라 아프리카의 진주라 불리는 케이프타운의 절경에 빠져 본다. 바다와 인접한 곳이라 가로수의 나뭇잎이 한쪽으로 기울어질 정도로 바람이 무척 거세게 분다.

은퇴자들이 많이 모여 산다는 Sea Point를 지난다. 은퇴자들은 10층 이하의 낮은 건물들을 좋아한다고 한다. 바닷가에는 옥빛의 바닷물에 갈색의 다시마가 파도가 일렁이는 대로 춤을 추고 있다. 안내자가 아래 바닷가 백사장을 가리키며 남녀가 평등하게 가슴을 내놓고 수영하는 평등해안(클룬도 비치)이라고 하며 나이 든 남자들의 재미있는 일화를 들려준다. 잠시 차에서 내려 테이블마운틴의 뒷부분인 12 사도상이 길게 벽을 두른 캠프스 베이(Camps Bay)에 도착했다.

○ 테이블마운틴의 12 사도상 아래에 자리 잡은 캠프스 베이

말끔하게 단장한 흰 구름이 산의 능선을 따라 길게 이어져 있고 산의 중턱까지 집들이 빽빽하게 들어차 있어 마치 동화나라에 온 것 같은 느낌이 든다. 은빛 모래로 덮여 있는 백사장과 시릴 것 같이 차가운 옥빛의 바닷물이 거센 바람에 파도를 일으키고 있다. 몸을 가누지 못할 정도로 바람이 세다. '과연 이곳이 아프리카인가?'라는 의문이 들 정도로 무척 아름다운 경치가 눈앞에 펼쳐졌다. 남아프리카공화국은 축복받은 땅이라는 생각이 들었다.

산길을 지나 후트 베이(Hout Bay)에 도착했다. 'Hout'는 네덜란드어로 '나무'라는 뜻으로, 1652년 네덜란드인들이 테이블만(Table Bay) 지역에 네덜란드의 식민지를 건설하였는데 특히 나무가 많아 건축이 쉽고 자

○ 케이프타운 주변 지도

○ 악단의 공연에 절로 흥이 나고

○ 후트베이(Hout Bay)

○ 후트베이(Hout Bay)

○ 저 어때요?

연조건이 좋은 이 지역에 백인들이 주로 모여 살게 되면서 'Hout Bay'
라는 이름이 붙었다고 한다.

　이곳은 테이블마운틴의 남쪽에 위치한 항구로 많은 요트와 어선 등
항구에 배들이 가득 차 있었다. 물개섬으로 가려는 사람들이 많이 몰
려들어 좁은 항구가 무척 북적거린다. 한쪽에서는 젊은이가 커다란 물
개 한 마리를 데리고 2달러를 받고 관광객을 상대로 사진 영업을 하고

있다. 배가 출발하려는 곳에는 붉은색 단복을 입은 작은 악단이 흥겹게 연주에 맞춰 노래를 부르고 있었다.

우리는 '칼립소(Calypso)'라는 이름을 가진 유람선을 타고 해안을 따라 물개섬(Seal Island)을 향해서 출발했다. 넓은 대서양에서 불어오는 바람이 무척 거세기 때문에 출항을 못하는 경우가 많다고 한다. 해안을 따라 이동하는데도 파도가 무척 높게 일렁거린다. 약 10분 정도 지나 항구를 벗어나자 북쪽으로 작은 바위섬 하나가 나타났다. 세찬 파도가 만드는 포말 때문에 섬이 있는지 물개들이 떼를 지어 있는지 쉽게 구별이 되지 않는다.

점점 섬으로 다가갈수록 수많은 물개 떼가 한데 어우러져 큰 덩어리를 이루고 있었다. 일부 물개들은 바다에서 물고기를 잡기 위해 부지런히 자맥질을 하고 물개섬 주변에는 많은 갈매기들이 모여들어 먹이를 찾고 있었다.

물개섬(Seal Island, Duiker Island)

후트 베이(Hout Bay)에서 유람선을 타고 약 20분 정도면 도착하게 되며, 길이 800m, 폭 50m, 수면으로 5m 정도 솟아오른 화강암의 바위섬이다. 면적은 약 2헥타르 정도이며 약 5천여 마리의 케이프물개(Cape fur seal)와 바닷새들이 살고 있는 곳이다. 주변에는 물개의 포식자인 백상아리(Great white shark)들이 살고 있다. 2차 세계대전 당시에 어선의 충돌 방지를 위한 레이더 시설이 설치되었으나 파도와 풍랑에 부식되어 지금은 일부의 흔적만 남아 있다.

○ 헤엄치는 물개들

○ 군집을 이루고 있는 물개들

○ 고풍스런 커피숍

○ Boatshed(배 보관소)

○ 옛날 우체국

유람선을 타고 관광을 하는 동안 갈매기를 비롯한 야생동물에게 먹이를 주는 것은 금지되어 있으며 파도가 높고 바람이 강하기 때문에 안전에 신경을 써야 한다. 특히 물개섬 관광 중에 배를 돌릴 때 넘어지거나 다칠 수 있기 때문에 특히 주의해야 한다.

일반적인 영어에서 바다표범과 물개를 'seal'로 표현하는데 사실 물개와 바다표범은 서로 다른 동물이다. 물개는 귓바퀴가 있고 바다표범은 없으며 물개는 다리 4개가 모두 지느러미 모양으로 되어 있다. 물개는 민감한 콧수염을 이용해 물고기나 조개 등을 잡아먹고 36~38℃의 체온을 유지하며 지방층이 잘 발달하여 체온 손실을 막는다. 다른 동물들과 마찬가지로 추운 지방일수록 지방층이 두꺼워 추위를 견딜 수 있다. 보통 수컷 한 마리가 수십 마리의 암컷을 거느리며 이러한 특성으로 인해 우리나라 성인 남성들에게 해구신(海狗腎)으로 널리 알려진 수컷의 성기는 최고의 강정제로 소문이 나기도 했으나 영양학적으로는 크게 효과가 없다고 한다.

물개섬을 둘러본 후 버스를 타고 옛날 후트 베이의 부두와 창고, 옛날 우체국 건물 등을 둘러보고 유명한 커피 하우스로 갔다. 숲속에 자리 잡은 작고 고풍스런 카페로 많은 사람들이 즐겨 찾는다고 한다.

우리는 버스를 타고 남동 방향으로 산길을 지나 무이젠버그에 도착했다. 길 가는 중에 아래 속옷만 입고 모자를 쓴 젊은이가 차를 세우고 적선을 받고 있었다. 대학 신입생이 신고식을 하는 것이라고 한다. 젊은 신입생은 부끄러움 없이 무척 즐기는 기분으로 신고식을 성실하게 수행하고 있었다.

○ 신고식을 성실하게 수행하는 신입생

○ False Bay에 면한 무이젠버그(Muizenburg)

○ 우리는 하나

　이곳 역시 길게 뻗은 해안선과 백사장, 겹겹이 포말을 이고 해변으로 몰려드는 파도와 원근에 따라 달라지는 바닷물의 색깔이 어우러져 아름다운 이국의 정취에 물씬 취하게 만든다.

　해안선을 따라 달려서 작은 만으로 되어 있는 피시후크갤러리(Fish Hoek gallery) 식당에서 랍스터 요리로 점심을 즐겼다. 식당 곳곳에 그림과 사진이 걸려 있는데 특히 넬슨 만델라 대통령이 어린 백인 소녀와 다정하게 찍은 사진에서 인종 간의 화합을 위해 노력하고 있음이 느껴졌다.

　케이프 반도의 북쪽에 위치한 피시후크를 출발하여 폴스베이(False Bay)의 남쪽 해안가를 따라 반시계 방향으로 남쪽으로 해안도로를 따라 희망봉을 향해 달린다. 이곳을 포함한 남아프리카공화국의 해안가는 영국의 BBC가 죽기 전에 꼭 가 봐야 할 5곳 중의 하나로 선정될 정도로 세계에서 가장 아름다운 드라이브 코스로도 유명하다. 케이프반도의 깎아지른 절벽에 만들어진 해안도로를 따라 달리다 보면 짙푸른 바다와 향기로운 바닷바람에 물결들이 살랑이고 언덕에 자리 잡은 예쁜

○ 피시후크

○ 피시후크 식당 The Gallery

○ 랍스터 요리

집들이 낙원처럼 평화롭다. 한참을 달려서 희망봉으로 가는 테이블마운틴 국립공원 입구에 도착했다.

이곳에서도 입장을 위한 수속을 밟아야 하는데 시간이 조금 걸렸다. 입구를 지나 산으로 난 길로 접어드니 해안가와 다르게 나무들이 많이 자라고 있으며 특히 남아프리카공화국 국화인 프로테아(Protea)가 빽빽하게 자라고 있었다. 꽃의 색은 분홍색, 흰색 등 다양하며 열매가 불에

○ 케이프 반도와 폴스베이(False Bay)

○ 희망봉 입구

○ 희망봉(남위 34° 21′ 25″)

○ 희망봉 앞바다

타야만 종자를 퍼트릴 수 있기 때문에 자연 상태에서는 산불에 의존하여 번식하는 특이한 식물이다.

멀리 바닷가로 살짝 삐져나온 희망봉이 보인다. 해안가 도로를 따라 앞으로 나아가자 희망봉 표지가 있는 바닷가에 많은 사람들이 모여 있었다. '아! 이곳이 초등학교 때부터 그렇게 많이 듣고 배웠던 희망봉인가?' 처음에는 생각했던 것보다 높지 않아서 다소 실망스러웠지만, 규모보다는 이 작은 암석으로 된 지형이 갖는 인류사적 중요성을 생각하면서 진한 감회에 젖어 본다.

희망봉(Cape of Good Hope)

남아프리카공화국 케이프주 남서쪽 끝이며 주로 사암으로 되어 있으며 해안으로 뻗어 있는 높이 87m의 작은 곶(串, cape)이다. 남위 34° 21′ 25″로 케이프타운에서 남쪽으로 48㎞ 떨어져 있으며 대서양과 인도양이 만나는 곳으로 알려져 있다. 많은 사람들이 살아서 꼭 한 번 가 보

○ 전동차 정류장과 전동차

○ 희망봉(Cape of Good Hope)

고 싶어 하는 희망봉은 1488년 3월 포르투갈의 항해자 바르톨로뮤 디아스가 유럽인으로서는 처음 발견하였다. 그는 후에 바스코 다 가마의 인도 항해를 도왔으며 1500년 인도로 가는 도중 희망봉 부근에서 폭풍을 만나 난파되어 세상을 떠났으니 운명의 아이러니가 아닐 수 없다.

당시 이곳을 모르고 지나칠 정도로 폭풍이 심했기 때문에 이곳을 '폭풍의 곳'이라고 이름 붙였으나, 포르투갈의 왕인 주앙 2세가 인도로 가는 항로가 희망적으로 열렸다는 것을 기념하고 항해의 성공을 기원하는 의미로 '희망봉'으로 고쳐 불렀다고 한다. 이 부근의 바다는 한류와 난류가 만나는 지역으로 안개와 폭풍이 심해서 선원들이 크게 두려워하던 곳이었다. 1497년 바스코 다 가마도 바로 이곳 희망봉을 지나 북쪽으로 항해하여 인도 항로를 개척하였으며 16세기 이후 대항해시대가 열렸을 때 희망봉은 항해자들의 이정표가 되었던 의미 있는 곳이었다.

희망봉이 있는 케이프반도는 2004년 유네스코 자연유산으로 지정되었으며 많은 동식물들이 서식하고 있다. 희망봉과 연결된 북동쪽 산꼭대기에 뉴 케이프 포인트(New Cape Point) 등대가 있다.

희망봉을 뒤로하고 희망봉의 북쪽에 있는 케이프 포인트(Cape Point) 등대를 보기 위해 산의 중턱에 있는 전동차 정류장으로 이동하였다. 방금 전에 들렀던 희망봉과 옥빛 바다에서 부서진 하얀 파도와 백사장이 바로 아래 손에 잡힐 듯이 보인다.

케이프 포인트는 길이 50㎞에 달하는 케이프 반도의 끝자락에 위치한 해발 250m의 사암으로 된 봉우리로 사방이 절벽이다. 주변에서 가장 높기 때문에 많은 사람들은 이곳을 희망봉으로 착각하는 경우가 많으며 꼭대기에 등대가 있다. 입구에서 걸어가는 방법과 전차를 타고

○ 케이프 포인트에서 바라본 희망봉

○ 케이프 포인트(Cape Point, 케이프 반도의 끝)

○ 케이프 포인트 등대

산 중턱까지 가서 걸어가는 두 가지 방법이 있다. 시원한 바람을 쐬면서 케이프 반도와 아름다운 해안선과 짙푸른 바다를 바라보니 꿈속에서 창공으로 솟아올라 바다 위를 날아가는 느낌이 들었다. 정상에는 많은 선원들의 안전을 위해 묵묵히 생명의 빛을 던져 주던 등대가 우뚝 서 있다.

깎아지른 절벽 아래로 바닥이 훤히 보이고 남색의 바닷물이 밀려와 바위에 부딪혀 만들어진 하얀 포말이 절벽 아래 아련하다. 수평선 너머 아득한 곳에 작은 꿈 하나를 던져 놓고 산을 내려왔다. 사람들이 지나갈 때마다 기다렸다는 듯이 개코원숭이들이 무척 익숙한 솜씨로 사람들의 주변을 맴돈다. 음료수나 다른 먹을 것을 들고 다니는 사람들을 대상으로 무차별적으로 달려들어 낚아채기 때문에 안전을 위해 가능한 손에 음식물을 들고 다니지 않는 것이 좋다.

버스를 타고 아까 왔던 길을 되돌아서 다시 한 번 멋진 풍광을 감상하면서 해안가를 따라 아프리카에서 유일하게 펭귄들이 서식하고 있는 볼더스 비치(Boulders Beach)를 향해 달려간다.

입구를 지나 안으로 들어가자 작은 모래 언덕에 펭귄이 한두 마리씩 소리를 지르며 뒤뚱뒤뚱 귀여운 모습으로 걷고 있었다. 바닷가로 난 탐방로에 접어들자 새들의 몸에서 나는 비릿한 냄새가 펭귄에 대한 심한 거부반응을 불러온다. 탐방로 주변의 매끄러운 화강암 바위와 모래사장에서 아프리카 펭귄들이 떼를 지어 신나게 거닐고 있다. 배의 흰색과 등의 검은색이 조화를 이루는 모습에서 남아프리카공화국의 인종 간의 화합이 연상되었다.

○ 케이프 반도의 해안 도로

○ 볼더스비치의 펭귄들

이곳에는 많은 사람들의 예상을 깨고 더운 아프리카에서 유일하게 아프리카펭귄이 서식하고 있는 것이다. 가끔씩 짝을 지어 애정 표현을 하는 것과 목을 하늘을 향한 채 목청이 터져라 노래를 부르며 애타게 암컷을 찾는 수컷의 애절한 모습도 눈에 띈다.

볼더스 비치(Boulders Beach)

테이블마운틴국립공원에 속하며 사이먼스 타운 중심가에서 걸어서 약 20분 정도 걸리는 작은 해변이다. 이곳은 아프리카 유일의 펭귄 서식지로 유명하며 펭귄은 크기가 30~40㎝이고 암컷이 수컷보다 크며 수명은 20~25년 정도라고 한다. 이곳에 사는 펭귄은 남극의 펭귄과 종이 다르며 당나귀와 울음소리가 비슷하여 자카스펭귄(Jackass Penguin)으로 알려져 있는데 아프리칸 펭귄(African Penguin)이 더 적합한 이름이다. 성질이 순하고 사람을 별로 경계하지 않기 때문에 해안을 따라 만들어진 탐방로를 따라 가까이서 관찰할 수 있어서 많은 관광객들이 들러 가는 명소가 되었다.

현재 약 3천 마리 정도가 이곳에서 서식하는 것으로 알려져 있다. 주변의 바다에 다시마를 비롯한 어족자원이 풍부하여 펭귄이 살아가는 데 좋은 먹이 환경을 갖추고 있으며 화강암의 바위가 많아서 펭귄들의 활동에 많은 도움이 되고 있다. 펭귄을 만지거나 음식물을 주는 행위, 소리를 지르는 행위는 금지되어 있으며 함부로 접근하다 날카로운 부리에 다칠 수도 있으므로 주의해야 한다.

우리가 흔히 등이 검고 배가 하얀 펭귄을 '연미복의 신사'라고 부르는데 등이 검은 것은 공중에서 나는 독수리에게 어두운 바다와 비슷하게

○ Granadilla

○ 폴스베이와 다시마

○ 볼더스 비치(Boulders Beach)

보이도록 하기 위함이고, 배가 하얀 것은 고래나 상어에게 하늘처럼 밝게 보여 포식자들의 공격을 피하기 위한 보호색이라고 한다. 대부분의 새들은 날 때 몸무게를 줄이기 위해 뼛속이 비어 있으나 펭귄의 날개는 물속에서 생활하기에 편리하도록 지느러미 형태로 변형되었으며 뼛속이 차 있다.

저녁때가 되면서 바닷물은 점점 더 짙은 색으로 변해 간다. 거센 바람에 해안가의 얕은 물에 잠겨 있는 다시마들이 물 표면에 살짝살짝 드러났다 사라진다. 한식당 성북정에서 삼겹살과 된장국으로 하루의 피로를 풀어 본다.

○ 23일째 날(1월 28일)

오늘은 와인 생산지(와이너리)에 들러서 아프리카 최남단인 아굴라스곶을 답사하는 날이다. 아침부터 여름 햇살이 따갑게 내리쪼인다. 아침 햇살에 테이블마운틴의 구석구석이 훤하게 드러나고 굵은 가로선으로 푸른 하늘에 스카이라인을 긋고 하루를 출발한다. 햇빛을 받아 흰색 건물들이 더 한층 밝게 보인다.

시내의 외곽에 접어들자 함석조각으로 덕지덕지 붙여 만든 빈민가의 집들이 겨우 한 사람 지날 정도의 공간을 남기고 빽빽하게 밀집되어 있다. 아파르트헤이트(인종분리정책)가 폐지된 지 20년도 더 지났는데 백인들의 경제 지배는 크게 달라진 것이 없는 것 같았다. 지붕 위에 설치된 둥근 TV 수신 장치와 술 취한 병사처럼 어지럽게 촘촘하게 서 있는 전

○ 케이프타운 외곽의 빈민가(township)

○ 백인들 거주지

봇대와 팽팽하게 이어진 전깃줄이 슬픈 균형을 이루고 있다. 수십 년 전 아파르트헤이트가 절대 권력처럼 행해지던 시절에는 감히 이곳에 거주하는 것을 상상할 수도 없었겠지만, 시 외곽에 경쟁하듯 흑인들의 빈민가(타운십, township)가 군데군데 들어서 있는 모습을 보면서 골이 깊은 흑백 문제는 지금도 진행형임을 절감하게 된다. 고속도로 옆에 길게 포진한 회색의 빈민가는 한참을 달리는 동안 긴 한숨을 감싸 안으며 계속 이어진다.

　가난한 흑인들에 대한 동정심이 생길 때쯤에 녹색의 구릉지에 말끔하게 단장된 예쁜 집들이 나타난다. 언뜻 보아도 이곳은 백인들의 거주지라는 것을 느낌으로 알 수 있다. 불과 몇 분 거리에 이처럼 딴 세상이 공존하는 것이 당연한 현실로 굳어져 일상화된 것 같았다. 아프리카를 여행하면서 숲이 우거지고 구획 정리가 잘되어 있고 집이 별장처럼 깨끗하고 멋있는 곳은 대부분 백인들의 거주지역이라고 보면 된다. 시내를 벗어나자 낮은 구릉지에 나무들이 우거진 숲이 이어져 있고 숲 사이의 밭에는 포도를 비롯한 채소와 농작물이 자라고 있어서 무척 목가적인 풍경이 펼쳐진다.

　구불구불한 언덕길을 돌아서 해발 450m의 Sir Lowry's Pass에 올랐다. 시원하게 확 트인 시야로 테이블마운틴이 손에 잡힐 듯이 앞쪽에 버티고 있고 바로 아래에는 폴스베이(False Bay)의 해안가를 따라 숲속에 자리 잡은 아담한 주택과 가끔씩 높은 건물들이 서 있는 Somerset West가 한눈에 들어온다.

　이곳은 어제 들렀던 희망봉을 7시 방향으로 정하고 폴스베이를 따라 시계 방향으로 돌아서 3시 방향에 해당된다. 오른쪽으로는 바로 앞쪽 구릉지의 숲에는 아담하고 예쁜 집들이 수줍은 듯 숨어 있고 또 한쪽에는 포도밭과 채소를 심은 밭이 녹색으로 단장을 하고 그 뒤로 높은 산을 중심으로 Hottentots-Holland Mountain Catchment Area가 버티고 있어 마치 동화 속의 세계처럼 멋진 풍경을 연출한다. 지금 내가 서 있는 이곳은 케이프타운에서 27㎞ 정도 떨어져 있으며 케이프타운에서

○ 폴스베이에 면한 Strand

○ Sir Lowry's Pass

인도양을 따라 북쪽으로 포트엘리자베스(Port Elizabeth)까지 이어지는 길이 760㎞의 가든 루트(Garden Route)의 구간으로 주변에 펼쳐지는 숲과 호수, 강과 산, 금빛모래가 반짝이는 해변, 석호 등이 어우러져 마치 거대하고 긴 정원처럼 세계에서 가장 아름답고 매력적인 해안 길이다. 시간적 여유가 있다면 아름다운 가든 루트를 달리는 것만으로도 남아

○ Sir Lowry's Pass에서 바라본 북쪽의 모습

프리카공화국의 여행을 만끽할 수 있을 것이다.

해변을 따라 이어지는 흔한 아름다운 풍경이 자칫하면 자연이 만든 멋진 모습을 후각세포처럼 쉽게 피로하여 당연시하지 않을까 염려되었다. 높은 산에는 땅이 척박해서인지 나무는 별로 없고 풀로 덮여 있어 높은 초원과 같은 모습이며 그보다 낮은 구릉지나 계곡에 큰 나무들이 군데군데 자라고 있었다. 길옆으로 점점 포도밭이 많아지기 시작한다.

와이너리를 찾아서

현재 남아프리카공화국은 와인의 생산량이나 질적인 면에서도 최상위권에 속할 정도로 와인 산업은 날로 발전을 거듭하고 있으며 스텔렌보스(Stellenbosch)를 중심으로 약 200여 곳의 와인농장이 있다고 한다.

정성 들여 가꾸어 놓은 포도밭이 길게 이어진다. 계곡 사이에 푸른 빛의 저수지가 펼쳐져 있다. 남아공의 수원지 역할을 하는데 가물어서

○ Sand Baai

○ Sand Baai

○ 천국과 지구(Hermel en Arden) 주변 풍경

큰 걱정이라고 하며 며칠 내로 비가 내리지 않으면 케이프타운에 물 공급이 중단될 수 있어 걱정이 이만저만이 아니라고 한다. 아름다움에 감춰진 고통이 조금씩 드러나는 것 같았다.

해안가에 자리 잡은 작은 도시인 샌드바이(Sand Baai)를 지나 북동쪽으로 난 한적한 2차선 도로를 따라 산길로 접어들었다. 산등성이를 따라 굽이굽이 돌아가는 길 주변으로 포도농장이 길게 이어져 있어서 세계 유수(有數)의 와인생산국임을 알 수 있었다.

안내자는 지금 우리가 Onrus river를 따라 달리고 있는 길이 '천국과 지구(Hermel en Arden)'라는 길이라고 설명한다. 동화 속의 모습처럼 아름답다는 뜻이리라. 한참을 달려서 우리는 드디어 좁은 정문을 힘들게 통과하여 Newton Johnson 포도농장에 도착했다.

○ 케이프타운 – Sir Lowry's Pass – 뉴턴 존슨 와이너리 – 나피에르 – 아굴라스곶

○ Newton Johnson 와이너리

○ Newton Johnson에서 생산한 와인

　이곳은 식당을 겸하고 있었는데 언덕 위에 자리 잡고 있어서 멀리 건너편 산 아래 포도농장과 멀리 베티스 베이(Betty's Bay)까지 한눈에 들어와 멋진 주변 풍경을 감상할 수 있었다. 안으로 들어가자 젊은 사장이 여러 종류의 와인을 내보이며 시음해 볼 수 있도록 서비스하며 농장 운영, 포도 재배, 와인 제조 등에 대하여 자세하게 설명해 주었다. 한쪽에는 이곳에서 생산된 피노 누아(Pinot Noir)로 만든 피노 누아 와인을 비롯하여 Granum, 쇼비뇽 블랑(Sauvignon Blanc), 샤도네이(Chardonnay), Southend, Full Stop Rock이 전시되어 있고 벽에는 와인의 우수성을 보증하는 인증서가 걸려 있었다. 이곳 농장에서 만든 와인은 우리나라에도 가격에 비해 품질이 우수한 와인으로 알려져 있다. 더운 날씨에 얼큰할 정도로 이것저것 종류별로 마셔 보는 동안 안내자는 와인의 전문가답게 전문용어를 섞어 가며 열심히 설명해 주었다.

남아프리카공화국의 와인 산업

　남아공의 와인의 역사는 유럽인들의 이주 역사와 밀접한 관계가 있다. 1652년 네덜란드가 인도로 가는 선원들의 중간 기착지로서 케이프타운에 동인도회사를 설립하면서 초대 총독이었던 얀 반 리빅(Jan Van Riebeeck)이 케이프타운에 최초로 포도를 재배하기 시작하였다. 네덜란드인들은 이곳의 기후가 포도 명산지인 스페인, 프랑스와 비슷하다는 것을 알고 오랜 항해에 지친 선원들에게 비타민을 공급하기 위해 포도 재배에 심혈을 기울였다. 1659년 2월 그들은 자신들이 재배한 포도를 이용하여 남아공에서 최초로 와인을 생산하였다.

　1679년에 부임한 2대 총독인 사이먼 반 데르 스텔(Simon van der Stel)은 포도에 대한 지식과 열정이 대단하여 포도 재배를 크게 확산시켰으나 포도 재배 기술이나 와인에 대한 전문성이 높지 않은 네덜란드인들이 프랑스인들을 뛰어넘을 수가 없었다. 1685년 루이 14세가 낭트칙령을 폐지(그는 가톨릭을 옹호함)하고 신교도인 위그노(프로테스탄트의 칼뱅파)들을 박해하자 그들 중 일부가 남아공으로 이주하면서 그들이 가져온 포도나무와 와인 생산기술 덕분에 남아공의 와인문화를 확산시키고 와인의 질을 향상시킬 수 있는 중요한 전기가 마련되었다.

　1789년 남아공의 와인이 네덜란드로 수출되기도 했으나 1805년 영국이 케이프타운을 점령한 후 영국이 와인의 품질과 수출량을 조절하고 자국에 유리하게 관세를 부과하여 남아공의 와인 시장에 큰 혼란을 초래하여 와인 산업이 붕괴되었다. 포도 재배에 적당한 환경을 갖춘 남아프리카공화국은 1925년 피노 누아(Pinot Noir)와 에르미타주(Hermitage)를 교잡하여 독자 품종인 피노타주(Pinotage)를 만들어 냈다. 1918년 와인 산업을 살리기 위해 농부들이 뭉쳐서 와인생산자조합(KWV)을 결성하여 정부와 협상을 거쳐 생산량, 가격, 품질 등을 관리하며 위기 극복에 노력하였다. 1994년 넬슨 만델라가 대통령에 당선되고 그동안 전 세계로부터 지탄받아 왔던 아파르트헤이트(인종분리정책)를 폐지하면서 다시 와인 산업도 활기를 띠기 시작하였으며, 현재는 생산량과 품질에 있어서 그 위상이 갈수록 높아지고 있어 와인 생산국으로 비약적인 발전을 하고 있다.

와인을 마실 때에는 5감, 즉 눈으로 색을, 코로 향을, 귀로 소리를, 혀로 맛을, 목구멍으로 감촉과 무게감을 즐긴다고 하며 머릿속에서 이 다섯 가지 느낌이 그 와인에 대한 하나의 이미지로 형상화된다고 한다.

물 빠짐을 고려하여 두둑 위에서 자란 피노 누아 포도나무는 높이가 약 1m 정도에 이르며 지주를 세우고 줄로 묶어 한 줄로 길게 이어져 있으며 검게 익은 포도가 탐스럽게 송이를 이루고 있다. 건너편 여러 포도농장의 포도나무 줄들이 뒤섞여 산 아래 능선에 녹색의 고운 선들을

○ 목축업 지대

만들고 있다. 버스에 올라 갈 길이 먼 아굴라스곶을 향해 출발했다.

독특한 모습을 하고 있는 바닷가를 따라 이어진 집들이 저마다의 아름다움을 뽐내고 있다. 어디를 보나 무척 아름답고 평화로운 풍경이 펼쳐진다. 바닷가를 멀리하고 점점 내륙으로 들어오자 넓은 초원지대가 나타났다. 동쪽으로 이동하면서 포도 농장은 줄어들고 대신 양과 소를 기르는 목축지대가 나타났다. 이곳이 과연 아프리카인지 의심이 들 정도로 무한히 넓은 목초지가 펼쳐져 있고 양들과 소들이 떼를 지어 한가롭게 누렇게 시든 풀들을 뜯고 있었다. 건초를 둥글게 말아 놓은 것도 눈에 띄었는데 그중에는 우리나라에서 수입하는 것도 있다고 한다.

차를 타고 달리면서 남아공은 무척 축복받은 땅이라고 생각되었다. 차창으로 보이는 풍경은 멀리 작은 나무가 듬성듬성 자라고 그 아래에는 풀들이 덮고 있으며 앞쪽의 구릉지에 드넓은 목초지가 펼쳐진 모습이 연속되었다. 가끔씩 골짜기에 유칼립투스가 줄을 지어 하늘을 향해 쭉쭉 뻗어 있는데, 이곳의 유칼립투스는 영국인들에게 쫓겨 호주로 피

○ 유칼립투스

○ 나피에르(Napier) 거리

난 갔던 보어인들이 가져와 심은 것이라고 한다. 이 나무는 땅속의 수
분흡수력이 뛰어나 지표수를 고갈시키는 주범으로 인식되어 물 문제가
심각한 요즈음 이 나무들을 베어 낼 계획이라고 한다.

    작은 마을 나피에르(Napier)에 도착하여 잠시 쉬어 가기로 하였다. 이
곳은 독일 선교사들이 선교 활동을 벌인 곳이라고 한다. 작은 마을인

○ 아굴라스 가기 전 스트루이스만(Struis Bay)

○ 물 절약 포스터

○ 아굴라스(Agulhas)

데도 여기저기에 예쁜 교회들이 여행객들을 맞아 준다. 우리 일행이 신기했던지 작은 트럭에 탄 어린아이들이 우리들에게 웃으며 손을 흔든다. 아이들은 어느 곳에 살든 꾸밈없이 순수한 것 같다.

　한참을 달려 드디어 옥빛의 바다에서 파도가 만드는 하얀 포말이 낮은 언덕 아래의 조용한 해변으로 몰려드는 모습이 눈에 들어왔다. 드디어 이번 답사의 마지막 코스인 아프리카 대륙의 최남단 아굴라스 (Agulhas)에 도착했다. 해변가에 자리 잡은 조용한 작은 도시로 아굴라스곶을 찾는 관광객들이 즐겨 찾는 곳이다. 집들도 무척 예쁘고 거리도 깨끗하다. 갯냄새가 밴 시원한 바람이 한낮의 더위를 식혀 준다.

식당에 들러 고기 요리와 와인을 곁들여 점심을 먹었다. 화장실에 붙은 절수 포스터가 마음에 절실하게 와 닿는다. 아름다운 경치를 자랑하는 이곳에서도 역시 가뭄에 대한 두려움을 피해 갈 수는 없는 것 같았다. 이제 물 문제는 몇몇 나라의 문제가 아니라 전 인류가 관심을 갖고 최악의 상황에 대비하여 공동의 노력을 기울여야 한다.

식사를 마치고 길을 따라 아굴라스곶을 향해 걸어간다. 바닷가와 언

ㅇ 아프리카의 열정이 담겨 있는 풍경화

덕 위에 자리 잡은 집들이 무척 평화로워 보인다. 바로 눈앞에 흰색 바탕에 붉은색의 등대가 푸른 하늘을 배경으로 아주 당당한 모습으로 우뚝 서 있다. 수백 년 전 대항해시대 바스코 다 가마가 이곳을 들렀을 때도 지금처럼 바람이 거세고 거친 파도가 일렁였을 것이다. 어디쯤에서 시작됐는지도 모르는 파도는 짙은 옥색의 바닷물 위를 내달려서 성난 듯 바위에 부딪혀 허공으로 하얀 포말을 뿜어 올리고 있다.

아굴라스(Agulhas)곶

남위 34° 52', 동경 19° 50'에 위치하고 있다. 인도양과 대서양의 경계를 이루는 곳이며 학자에 따라서는 케이프 반도를 경계로 보는 견해도 유력하다. 아굴라스(Agulhas)는 포르투갈어로 '바늘'이라는 뜻이며, 끝이 뾰족한 암초에서 유래했다고 한다. 등대가 있으나 앞바다에 아굴라스 암초가 있어 항해자들에게 위험한 지점으로 알려져 있었다. 1497년 바스코 다 가마는 이 위험한 암초의 아굴라스곶을 지나 인도양

○ 아굴라스 등대

○ 아굴라스곶 해안

으로 들어갔다. 아굴라스 암초 부근은 남아프리카 연안에서 가장 우수한 트롤 어장의 하나이다.

아프리카 최남단 아굴라스곶에는 이곳의 의미를 알리는 표지판이 있는데 영문을 소개하면 다음과 같다.

"YOU ARE NOW AT THE SOUTHERN-MOST TIP OF THE CONTINENT OF AFRICA(당신은 지금 아프리카 대륙 최남단에 있습니다)."

표지판 앞에는 표지판의 중앙을 경계로 인도양과 대서양을 나누는 표시가 있다. 이 표지판을 기준으로 하면 바로 아굴라스곶을 경계로 대서양과 인도양으로 나누는 것이 되는데 함께 뒤섞인 바닷물을 굳이 서로 다른 이름의 바다로, 특히 경계선 부근에서 나누는 것은 조금은 인위적이라는 생각이 든다.

표지판을 지나 육지 방향에 금속으로 만든 커다란 아프리카 지도와 아굴라스곶의 정남향 표시의 모형이 있다. 많은 사람들이 희망봉을 아프리카의 남쪽 끝으로 생각하는데 일찍부터 우리들에게 널리 알려졌기 때문이라고 생각한다.

먼 수평선 저 멀리 창공으로 아쉬움을 던지고 케이프타운을 향해 발걸음을 돌렸다. 아굴라스에서 돌아가는 길 양쪽으로 드넓은 목장이 펼쳐진다. 지금은 건기라 목초지가 누런 모습이지만 우기에 단비가 내리면 촉촉하게 비를 머금은 풀들이 꿈길 같은 녹색 초원을 꾸밀 것이다. 목장의 주인은 대부분 백인이고 흑인들은 고용되어 목장 일을 돕는다고 한다.

○ 아프리카 지도와 정남향 표시 모형

○ 아굴라스곶의 식생

○ 눈향나무

○ 아굴라스곶 앞바다

○ 아프리카 최남단 표지판(인도양과 대서양의 경계점)

○ 소 목장

○ 케일던(Caledon)

○ Sir Lowry's Pass 넘기 전의 작은 도시

○ 벌목하던 사람들의 집

○ 서머셋웨스트(Somerset West)

며칠간 잘 달리던 버스에서 무엇인가 이상한 마찰음이 귀에 거슬린다. 아굴라스곶에서 케이프타운의 중간 지점에 해당하는 온천이 있는 케일던(Caledon)에서 잠시 머물렀다. 케냐에서 큰 고비를 넘기고 나서 버스에 조금이라도 문제가 생기면 더럭 겁부터 난다. 만약의 상황에 대비하기 위해 운전기사가 동생에게 긴급하게 전화를 걸어 대체할 버스가 도착하여 우리와 동행하였다.

저녁 무렵의 황금빛 햇살로 채색한 대지는 무척 여유가 있고 평화롭다. 갈 때 놓쳤던 풍경들이 정겹게 다가온다.

케이프타운의 외곽에 벌목을 하여 생계를 꾸리던 사람들의 집이 저녁 햇살에 더욱 허름하게 보인다. 이제는 더 이상 주변에 벌목할 나무가 없어서 삶이 더 힘들어졌다고 한다. 조금 더 달려서 웨스턴케이프주의 남서부에 위치한 서머셋웨스트를 지났다. 이곳은 포도와 감귤을 재배하고 와인산업이 발달하였으며 비료, 화약, 화학 공장 등이 있다.

케이프타운으로 들어와 네덜란드인이 세운 희망의 성(The Castle of Good Hope)을 둘러보았다. 성벽의 틈새로 오늘 하루의 석양이 스며들고 있었다.

희망의 성(The Castle of Good Hope)

1652년 네덜란드의 초대 총독이었던 얀 반 리비크(Jan Van Riebeeck)가 흙과 나무로 만든 요새를 그 후 1666년~1679년까지 네덜란드인들이 개조하여 만든 5각형의 요새로, 케이프타운 북쪽 바닷가 근처에 위치하며 서쪽으로 테이블 마운틴이 있다. 남아프리카에서 가장 오래된 식민지 유적이며 1936년 국가 기념물로 지정되었다. 입구의 탑에는 무

○ Slave Lodge

○ 워터프런트

○ 과거 시청 건물

○ 희망의 성 정문에 있는 사자 상

게가 300㎏이 나가는 종이 아직도 걸려 있으며 안에는 원래 교회, 빵집, 공방, 주거 지역, 상점, 그리고 감옥 등이 있었다. 영국 식민지 통치 기간에 정부 본관이었으며, 1917년부터 남아프리카 군인들이 사용했다. 이곳에는 육군박물관, 도자기 박물관, 생활용품 박물관 등이 있여행을 마무리하는 의미로 워터프런트의 그리스 식당으로 향했다. 그리스식 해산물요리를 먹고 주변의 화려하고 아름다운 야경을 감상하면서 즐거웠던 아프리카 답사를 마무리하였다.

○ 희망의 성

| 도서 |

- 김미정, 『미노의 컬러풀 아프리카』, 즐거운 상상

- 김시혁, 김윤진 감수, 『통아프리카사』, 다산북스

- 김윤진, 『동아프리카사』, 대한교과서주식회사

- 김윤진, 『남아프리카역사』, 명지출판사

- 박상주, 『나에게는 아프리카가 있다』, 부키

- 박찬영·엄정훈, 『세계지리를 보다』, 리베르스쿨

- 심산, 『심산의 와인 예찬』, 바다출판사

- 윤상욱, 『아프리카에는 아프리카가 없다』, 시공사

- 이상희·윤신영, 『인류의 기원』, 사이언스북스

- 이우평, 『모자이크 세계지리』, 현암사

- 이원복, 『와인의 세계, 세계의 와인』, 김영사

- 조수영, 『사파리 사이언스』, 효형출판

- 막스 두 프레즈, 장시기 역, 『나는 아프리카인이다』, 당대출판사

- 생텍쥐페리, 전성자 역, 『어린 왕자』, ㈜문예출판사

- 알렉상드로 푸생·소냐 푸생, 백선희 역, 『아프리카 트렉』, 푸르메

- 앤 기번스, 오숙은 역, 『최초의 인류』, 뿌리와이파리

- 어니스트 헤밍웨이, 하창수 역, 『세계문학단편선 01』, 현대문학

- National Adudubon Society Field Guide to African Wildlife – Alfred A Knopf(아프리카 사바나 동물들의 생태와 특징 수록)

| 기관 |

• 나미비아 독립기념관

• 아디스아바바 국립박물관

• 에티오피아 기념관(춘천시 소재)

• 올두바이 박물관

| 인터넷 및 기타 |

• 네이버 지식백과

• 두산백과사전

• 지오트립 답사 자료집

• 위키피디아(Wikipedia)